LO QUE ES,
TAL COMO ES

LO QUE ES, TAL COMO ES

SAT-SAṄGAS CON

Prabhuji

LO QUE ES, TAL COMO ES
SAT-SAṄGAS CON PRABHUJI

Primera edición

Impreso en Round Top, Nueva York, Estados Unidos

Publicado por Prabhuji Mission
Sitio: prabhuji.net

Avadhutashram
PO Box 900
Cairo, NY, 12413
USA

Pintura en la tapa por Prabhuji: «Encuentro»
Acrílico en lienzo, Nueva York - Tamaño del lienzo: 48" x 48"

Pinturas por Prabhuji: Hui-neng (pág.17), Huai-jang (pág.37), Ma-tsu (pág.61), Nan-chuan (pág.77), Chao-chou (pág.97), Pai-chang (pág.113), Huang-po (pág.133), Lin-chi (pág.147).

Library of Congress Control Number: 2021906573
ISBN-13: 978-1-945894-27-5

Índice

Prefacio 9
Introducción 13
Una puerta hacia el infinito 19
Āsana - la postura yóguica vital 27
Buscando tu posición en la vida 39
Descubre la magia de la repetición 51
Karma-yoga: el arte de la acción 63
Acción y reacción en *karma-yoga* 71
Comunión 79
Represión y sublimación 89
El deseo 99
Salta a la dimensión real 107
El deseo nos oculta la realidad 115
Meditación: el sendero hacia la libertad 125
Observando el conflicto interno 135
La autoinvestigación 143
La búsqueda del buscador 149
Lo que es, tal como es 157

Apéndices
Glosario sánscrito 165
Índice de versos 179
Sobre Prabhuji 185
Sobre la Misión Prabhuji 199
Sobre el Avadhutashram 201
El Sendero Retroprogresivo 203
Prabhuji hoy 205

ॐ अज्ञानतिमिरान्धस्य ज्ञानाञ्जनशलाकया ।
चक्षुरुन्मीलितं येन तस्मै श्रीगुरवे नमः ॥

oṁ ajñāna-timirāndhasya
jñānāñjana-śalākayā
cakṣur unmīlitaṁ yena
tasmai śrī-gurave namaḥ

Reverencias a ese santo Gurú que, aplicando el ungüento [medicina] del conocimiento [espiritual], elimina la oscuridad de la ignorancia de los cegados [no iluminados] y les abre los ojos.

Este libro está dedicado, con profundo agradecimiento y eterno respeto, a los santos pies de loto de mis amados maestros Su Divina Gracia Avadhūta Śrī Brahmānanda Bābājī Mahārāja (Guru Mahārāja) y Su Divina Gracia Bhakti-kavi Atulānanda Ācārya Swami (Gurudeva).

Prefacio

La historia de mi vida no es más que un largo viaje, desde lo que creía ser, hasta lo que realmente soy... un auténtico peregrinaje, tanto interior como exterior. Es un relato de trascendencia de lo personal y lo universal, de lo parcial y lo total, de lo ilusorio y lo real, de lo aparente y lo verdadero. Mi vida es un vuelo más allá de lo temporal y lo eterno, de la oscuridad y la luz, de lo humano y lo divino. Esta historia no es pública, sino profundamente privada e íntima.

Solo lo que empieza, termina; solo lo que principia, finaliza. Pero quien vive en el presente no nace ni muere, porque lo que carece de comienzo no perece jamás.

Soy discípulo de un veedor, de un ser iluminado y de alguien que es nadie. Fui iniciado en mi infancia espiritual por la luz de la luna. Me inspiré en una gaviota que más que ninguna otra cosa en la vida amaba volar.

Enamorado de lo imposible, atravesé el universo obsesionado por una estrella. Anduve infinitos senderos, siguiendo las huellas de quienes pudieron ver... Cual océano que anhela el agua, busqué mi hogar dentro de mi propia casa.

Soy un simple intermediario que comparte su experiencia con los demás. No soy guía, *coach*, profesor, instructor, educador, psicólogo, iluminador, pedagogo, evangelista, rabino, *posek halajá*, sanador, terapeuta, satsanguista, psíquico, líder, médium, salvador ni gurú. Soy solo un caminante a quien puedes preguntarle sobre la dirección que buscas. Con gusto te señalo un lugar donde todo se calma al llegar... más allá del sol y las estrellas, de tus deseos y anhelos, del tiempo y el espacio, de los conceptos y conclusiones y más allá de todo lo que crees ser o imaginas que serás.

Soy solo un capricho o quizás un chiste del cielo y el único error de mis amados maestros espirituales.

Conscientes del abismo que separa la revelación y nuestras obras, vivimos en un intento frustrado de expresar con fidelidad el misterio del espíritu.

Pinto suspiros, esperanzas, silencios, aspiraciones y melancolías... paisajes interiores y atardeceres del alma. Soy pintor de lo indescriptible, lo inexpresable, lo indefinible e inconfesable de nuestras profundidades... O quizás solo escribo colores y pinto palabras.

Desde la infancia, ventanitas de papel cautivaron mi atención; a través de ellas recorrí lugares, conocí personas e hice amistades. Aquellas *maṇḍalas* diminutas han sido mi verdadera escuela primaria, mi escuela secundaria y mi universidad. Cual avezados maestros, esas *yantras* me han guiado a través de la contemplación, la atención, la concentración, la observación y la meditación.

Al igual que un médico estudia el organismo humano, o un abogado estudia leyes, he dedicado mi vida al estudio de mí mismo. Puedo decir con certeza que sé lo que reside y vive en este corazón.

No es mi intención convencer a nadie de nada. No ofrezco ninguna teología o filosofía, ni predico o enseño, sino que solo pienso en voz alta. El eco de estas palabras puede conducir a ese infinito espacio donde todo es paz, silencio, amor, existencia, consciencia y dicha absoluta.

No me busques a mí. Búscate a ti. No me necesitas a mí ni a nadie, porque lo único que realmente importa eres tú. Lo que anhelas yace en ti, aquí y ahora, como lo que eres.

No soy un mercader de información repetida, ni pretendo hacer negocio con mi espiritualidad. No enseño creencias ni filosofías. Solo hablo de lo que veo y únicamente comparto lo que sé.

Escapa de la fama, porque la verdadera gloria no se basa en la opinión pública, sino en lo que eres en realidad. Lo importante no es lo que otros piensen de ti, sino tu propia apreciación acerca de quién eres.

Elige la dicha en vez del éxito, la vida en lugar de la reputación, la sabiduría por encima de la información. Si tienes éxito, no conocerás solo la admiración, sino también los verdaderos celos. Sin embargo, la envidia es el tributo de la mediocridad al talento y una aceptación abierta de la propia inferioridad.

Te aconsejo volar libremente y jamás temer equivocarte. Aprende el arte de transformar tus errores en lecciones. Jamás culpes a otros de tus faltas: recuerda que asumir la completa responsabilidad de tu vida es un signo de madurez. Volando aprendes que lo importante no es tocar el cielo, sino poseer el valor para desplegar tus alas. Cuanto más alto te eleves, el mundo te parecerá más graciosamente pequeño e insignificante. Caminando, tarde o temprano comprenderás que toda búsqueda comienza y finaliza en ti.

Tu bienqueriente incondicional,
Prabhuji

Introducción

Extracto del sat-saṅga impartido por Prabhuji
el 18 de abril del 2010

Estos encuentros no son lecciones o conferencias; solo pueden ser denominados *sat-saṅgas* o 'encuentros con la Verdad'. *Sat-saṅga* es una palabra sánscrita que se compone de dos términos: *sat* o *satya*, 'Verdad', y *saṅga*. *Saṅga* es un término que encontramos en diferentes lugares: el *sādhu-saṅga;* el *saṅga* de los discípulos del Señor Buda. *Saṅga* es 'juntos', 'en comunidad', 'reunidos'.

Una lección o conferencia es un encuentro a nivel verbal o mental, a nivel de las palabras, del intelecto. Es la reunión entre el profesor y los estudiantes, en la cual se estudia. De una confluencia de mentes solo puede derivar el conocimiento, pero nunca florecerá la sabiduría, que solo puede nacer del *saṅga*.

En el encuentro entre los estudiantes y el profesor se produce una comunicación; se puede estar cerca, pero nunca juntos. *Saṅga* solo puede producirse en la comunión, no en la comunicación. La comunión es un encuentro entre almas, a nivel del espíritu, del corazón, de la presencia.

La Verdad nace del estar unidos, por eso lo importante en esta clase de eventos no es la información, sino el hecho de estar juntos. No son tan importantes las palabras y las frases, sino aquello a lo cual estas se refieren. Todo está en ese **juntos**.

Es increíble que se pueda estar físicamente muy cerca y, sin embargo, muy lejos en realidad; como esas parejas que llevan tantos años de casados, que uno ve a veces en los casamientos, compartiendo la misma mesa, el mismo hogar y hasta quizás la misma cama. Sin embargo, ¡se percibe una distancia tan grande...!; una distancia que no puede ser medida en kilómetros, metros o millas, y sin embargo es abismal. Por otro lado, a uno le toca conocer personas que, por uno u otro motivo, se han visto separadas de seres queridos y a pesar de estar tan distanciados físicamente, uno puede percibir que su corazón está en otro lugar, con la otra persona.

Asimismo, los corazones del maestro y del discípulo viven juntos, realmente juntos, y eso es lo que ocurre en un *sat-saṅga*: un «estar juntos», unidos, un tipo de yoga. En el *Bhagavad-gītā*, capítulo 4, verso 34, se dice:

tad viddhi praṇipātena
paripraśnena sevayā
upadekṣyanti te jñānaṁ
jñāninas tattva-darśinaḥ

> Si deseas encontrar la Verdad, acércate a un maestro espiritual, inquiere de él sumisamente, con humildad, sírvele. Quien ha visto la Verdad puede transmitírtela, puede mostrártela.

El discípulo debe inquirir, pero no se trata de tener muchas preguntas, sino de **ser** una pregunta; porque ser una pregunta es no saber o dejar a un costado todo lo que sabes. Es renunciar a toda idea o conclusión y pararte desnudo, frente a alguien que *tattva-darśin*, que ha visto la Verdad.

En la medida en que me despojo de lo que creo saber –de mis puntos de vista, de mis ideas preconcebidas– me estoy despojando de mi aislamiento, me estoy acercando. En el momento en que no sé, no solo pregunto, sino que **soy** una pregunta; no tengo respuestas porque toda respuesta vendrá del pasado; de la información que adquirí en mi vida, de conocimiento, de lo sabido. Esas no son **mis** respuestas. El discípulo es alguien que ha entendido:

> ¡No tengo respuestas mías!; ¡responder sí puedo! Sé de la civilización egipcia, de Napoleón, aritmética, geografía; sé dónde están Brasil y España, pero estas respuestas no son mías; es lo que he adquirido de mi contacto con la sociedad: profesores del colegio, de la universidad, mis padres, mis amigos, etc. He creado imágenes y las he acumulado, y tengo una gran colección de imágenes con respecto a todo, y para lo que se me pregunte puedo presentar una imagen, pero

es conocimiento que he adquirido desde el mundo exterior. ¡No es mío!

Como discípulo, yo no tengo respuestas, sino que soy solo una pregunta; tengo la humildad que se precisa para decir: «no sé», y eso es acercarte: *saṅga*, reunidos, juntos.

Para estar realmente juntos, debemos situarnos como discípulos: renunciar a nuestras respuestas, nuestros puntos de vista, nuestras ideas, conceptos y conclusiones, y así… ¿qué diferencia puede haber entre tú y yo, entre ella y el otro? Estamos juntos. Y en ese **juntos**, *sat-saṅga*, nace y florece la Verdad... **Somos** Verdad.

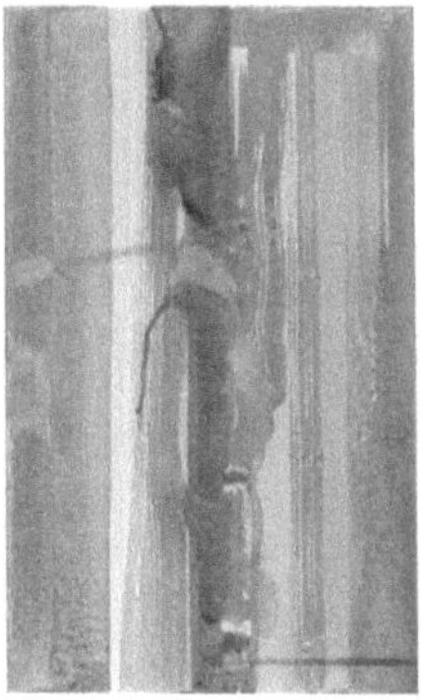

UNA PUERTA HACIA EL INFINITO

13 de julio de 2010

Existe una confusión en el público occidental en cuanto al *haṭha-yoga*, a las *āsanas* y al yoga en general. Hay personas que asisten a clases de filosofía yóguica y, cuando se les pregunta qué es el yoga, dicen: «Bueno, el yoga es una filosofía hindú» y describen a gente sentada con un profesor que les enseña; están las personas que practican meditación en los numerosos talleres o instituciones donde se enseña, y cuando se les pregunta qué es yoga, dicen que el yoga es meditación y describen a gente sentada con los ojos cerrados. Y, por supuesto, están los que practican el *haṭha-yoga* en diferentes gimnasios o centros y van con su colchoneta y están casi siempre muy ocupados en todo lo relacionado con la salud; entonces, cuando se les pregunta qué es yoga, dicen que yoga es un método muy saludable para conservarse bien. Cada uno trata de definir el yoga y todos tienen razón, pero el yoga no es solo eso.

Hay quien lo compara con un árbol, donde las raíces son el *yama*; el tronco es *niyama*; la sabia es el *haṭha-yoga* –que proporciona vitalidad a todo el cuerpo–; las hojas podrían ser comparadas con el *prāṇāyāma*; la corteza, con el *pratyāhāra* o 'la interiorización de los sentidos' –que mantiene al árbol en cierta forma unido y no le permite dispersarse–; *dhāraṇā*, serían las ramas; *dhyāna* los frutos, porque la meditación es el fruto del yoga que aún tiene cierta finalidad –al igual que el fruto que proporciona alimento–; y *samādhi* o 'iluminación' son las flores que no tienen propósito, son belleza pura, color, perfume.

Por ello, cuando se toma una parte del yoga y se intenta definirlo a través de esta –sacándolo del contexto de todo el árbol–, se va a estar siempre cometiendo un error garrafal. Es cierto, el yoga es también físico, así como el árbol es la raíz, es el tronco, es una hoja; pero si vemos el *haṭha-yoga* dentro de su contexto, nos daremos cuenta de que el aspecto físico es como un corredor o un portón: está allí como un acceso para llegar a algo más.

En el yoga se trata de conocer y estudiar para ser capaces de observar y luego trascender. Por ejemplo, *rāja-yoga* es conocer la mente para trascenderla. Asimismo, la *āsana* es conocer el cuerpo, saberlo, estudiarlo, y pasar a través de él como por una puerta.

En su *Yoga Sūtra* (2.46-48), Patañjali Maharṣi nos dice:

sthira-sukham āsanam

> Las *āsanas* deben ser firmes y confortables.
>
> *prayatna-śaithilyānanta-samāpattibhyām*
>
> La *āsana* se alcanza eliminando la tensión y meditando.
>
> *tato dvandvānabhighātaḥ*
>
> Al alcanzar la *āsana*, se obtiene también la inmunidad hacia los pares de opuestos.

En estos *sūtras* encontramos grandes secretos. ¿En qué consiste el *haṭha-yoga*? *Sthira-sukham āsanam* significa que la *āsana* es firme, confortable y estable: eso es una postura. ¿Por qué es tan importante que sea firme y confortable o cómoda?

Tenemos que comprender que la religión *sanātana-dharma* sugiere un proceso educativo muy distinto al que estamos acostumbrados. En nuestra vida, estamos habituados a que estudiar es recordar. En la medida en que recordamos más, sabemos más y somos capaces de aprobar más exámenes: tenemos que recordar quiénes son los egipcios y Napoleón, y cómo los espartanos lucharon en la batalla de las Termópilas... ¡Recordar y recordar!

Sin embargo, el sendero de la religión es olvidar; en la medida en que olvidas, te acercas al hogar, al lugar del cual nunca saliste. Así, en *haṭha-yoga* se trata de olvidar el cuerpo. Prestemos atención a que recordamos el cuerpo cuando tenemos un problema: una jaqueca nos viene a recordar que tenemos cabeza; una artritis, que tenemos huesos y músculos; un desgarre nos recuerda nuestro sistema muscular. Es decir, lo que hace el dolor, la molestia o la incomodidad es recordarnos el cuerpo. Asimismo, una *āsana* –al ser firme, estable y cómoda– nos lleva a un estado de olvido del cuerpo.

Olvidar el cuerpo no es simple; es olvidar un concepto de acuerdo con el cual vivimos: el concepto corporal de la vida. El *haṭha-yoga* nos lleva a olvidar nuestra forma: nos olvidamos como una limitación en el espacio y en el tiempo, como **alguien**; nos olvidamos como un fenómeno «objetivizado». Esto ocurre al estar cómodos.

El proceso del *haṭha-yoga*, mediante las *āsanas*, nos lleva a acomodarnos al cuerpo. Vivimos con el cuerpo, pero incómodos; sin embargo, estas incomodidades se superan después de olvidar el cuerpo; podemos continuar olvidando muchas otras cosas, por ejemplo, la increíble invención humana que es el ego o el yo. ¡Imagínense qué hubiéramos hecho sin ego, sin este concepto, sin este yo-idea! ¿Cómo nos comunicaríamos? ¿Cómo sería posible relacionarnos unos con otros? ¡Sería completamente imposible! Sin embargo, se trata de una creación fantástica.

Pero vivir toda nuestra vida preocupados por el yo –yo quiero, yo no quiero, me gusta, no me gusta, yo soy lo único importante– es una enfermedad que se llama «egoísmo», que es una obsesión por el yo. No podemos olvidarlo: es como una jaqueca que nos hace recordar la cabeza constantemente. El egoísmo nos hace recordar este yo todo el tiempo y no nos permite olvidarlo ni actuar libremente. En un nivel avanzado en el yoga, llegas a **olvidarte**.

Pero el cuerpo es una puerta, es el principio; un cuerpo olvidado es como una puerta abierta: la pasas y no sientes un obstáculo. Si sientes la puerta es porque está cerrada: la sientes frente a tu cara y no puedes pasar. Similarmente, cuando el cuerpo está cómodo y se olvida, puedes pasarlo y no sentirlo. Cuando te olvidas de la mente, esta se vuelve la última puerta: la puerta hacia el infinito, hacia la eternidad.

Patañjali continúa en el *sūtra* 47:

prayatna-śaithilyānanta-samāpattibhyām

> La *āsana* se alcanza eliminando la tensión y meditando.

Meditando: la *āsana* es un estado completamente meditativo.

En el *sūtra* 48:

tato dvandvānabhighātaḥ

> Al alcanzar la *āsana* se obtiene también la inmunidad hacia los pares de opuestos.

Se trascienden los pares de opuestos al obtener la maestría sobre la *āsana*: esto a mucha gente le suena muy raro: ¿cómo es posible trascender los pares de opuestos a través de una postura con el cuerpo físico?

Los pares de opuestos son la mente. La mente se mueve constantemente, como una abejita buscando la felicidad de una flor a otra:

«Tal vez seré feliz en este chocolate».

«Tal vez seré feliz en este cigarrillo».

«¡No!, sentiré mayor felicidad con esta cerveza».

«¡Mejor seré feliz con esta música, con esta televisión o con este nuevo auto!».

«Me casaré y seré feliz, o cuando tenga hijos...».

La mente se mueve constantemente entre los pares de opuestos, en la dualidad de la atracción y el rechazo, del apego y la aversión; estamos quebrados interiormente, vivimos en una fractura y en el conflicto: algo puede ser muy placentero y confortable... pero es malo; y algo puede ser muy dificultoso e incómodo... pero es bueno. Comprendemos el conflicto, la lucha interna, los pares de opuestos y ese movimiento mental constante, pero ¿cómo puede trascenderse a través de una postura física?

Para comprender esto, debemos saber lo que los sabios de la antigüedad revelaron hace mucho: la mente y el cuerpo no son dos fenómenos diferentes, sino simplemente dos aspectos de un mismo fenómeno; son como las dos puntas de una misma cuerda. El cuerpo no es más que la exteriorización de la mente. Los sentidos son la mente exteriorizándose. Cuando miramos, es la mente la que mira, no los ojos; cuando tocamos, es la mente la que está palpando; cuando olfateamos, es la mente la que olfatea. Es la mente la que se mueve –a través del cuerpo– en el mundo de los nombres y las formas, en el mundo de lo relativo. Ya que la mente y el cuerpo son una misma cosa, nuestro estado mental se refleja en nuestras posturas físicas. Podemos saber en otros si están enojados, felices, contentos, tristes, fatigados, a través de diferentes posturas físicas, muecas o caras, porque el cuerpo y la mente están tan interrelacionados… son una y la misma cosa.

La *āsana* es estática. Cuando se produce la *āsana*, el cuerpo llega a detener todo movimiento, y entonces, algo ocurre a nivel mental, o más bien, algo deja de ocurrir a nivel mental. El movimiento comienza a disminuir. Has tomado la mente, pero desde aquel lado cercano a ti: el cuerpo. Desde el cuerpo, puedes influir en la mente con la *āsana*, el arte de detener.

No debes reprimir: Patañjali nos dice que la *āsana* debe ser cómoda, no forzada; no contra el cuerpo, sino con el cuerpo: debes llegar a esa maestría de saber detener. Y cuando has logrado estar estático –sin moverte físicamente y cómodo– llega el momento en que la mente se detiene; el conflicto entre los pares de opuestos cesa. Y cuando la división, la fractura interna, el movimiento y el accionar interno cesan... ¡no hay mente! Porque la mente es movimiento, la realidad intrínseca de la mente es movimiento.

A partir de ahí viene el momento del olvido: primero se olvida el cuerpo, para finalmente olvidar la mente. La mente se olvida, pero no la olvidas **tú**, porque cuando la mente se detiene, te estás olvidando, para emerger en el recuerdo. Te estás olvidando de lo que crees ser, lo que piensas que eres, lo que se te ha convencido que eres, lo que se te ha dicho que eres o lo que recuerdas ser, para emerger desde ese olvido, emerger en el recuerdo, donde la existencia **se** recuerda, y ese es el recuerdo de lo que eres en verdad.

El cuerpo es la primera puerta hacia niveles más internos y más profundos; la mente es la última puerta: cuando cruzas esa puerta, ya no **estás**, pero **eres**. **Eres,** pero no **estás**. Nada cambia, pero nunca nada será igual.

Āsana - LA POSTURA YÓGUICA VITAL

15 de julio de 2010

Para comprender qué es una *āsana*, lo mejor es recurrir al *Yoga Sūtra* de Patañjali Maharṣi; nadie como él hizo una compilación acerca del yoga. En su capítulo 2, sūtra 46, habla acerca de la *sādhana*:

sthira-sukham āsanam

Una *āsana* es firme y confortable.

Debemos comprender que el yoga no ve la mente como algo separado del cuerpo. Es decir, no se refiere al *haṭha-yoga* solo como una disciplina corporal o física, sino dirigida a todos los aspectos del ser humano: tanto el físico como el mental, energético y emocional.

Por lo tanto, cuando Patañjali se refiere a la *āsana*, se refiere a mucho más que a una postura física y no podemos tomarla solo como una práctica de gimnasia o un entrenamiento corporal ya que no se está refiriendo solo a la postura de nuestra anatomía, sino a **la postura**.

¿Cuál es tu postura en la vida?

A lo largo de tantos años y reencarnaciones, podría parecer que todo el mundo cambia de postura: de soltero a la de casado, de la de casado a la de padre o madre. Constantemente estamos buscando: ser millonarios, famosos, médicos, abogados, soldados, americanos, italianos, etc.

Es decir, observamos a nuestro alrededor y vemos prácticamente a todo el mundo buscando cambiar su postura, como si todos anduviésemos tras la búsqueda de nuestra posición.

Patañjali dice que podemos reconocer nuestra *āsana* o 'postura': después de esta larga búsqueda, sabrás cuándo has llegado a la postura porque esta será firme, estable y confortable: *sthira-sukham āsanam*. Actualmente, si uno mismo se analiza, verá que su propia postura en el universo no es firme; es cambiante porque no se siente cómodo.

Uno de los significados de la palabra *guru* es 'pesado', en el sentido en que nada lo puede mover. Los deseos nos mueven, las ambiciones nos mueven, la búsqueda de placer y disfrute nos mueve. No somos firmes.

Es muy interesante que la palabra *āsana* se refiera especialmente a la postura sentada. No es una postura parada, porque hay algo de *rajas* en ella, hay un esfuerzo para mantenerse en pie; tampoco se refiere a una postura acostada, porque eso sería tamásico. La *āsana* no es ni un extremo ni el otro. Es asentarse, pero firme, estático, que nada pueda moverte en la vida de tu postura. Pero no por represión, no por el hecho de que así debe ser o luchando contra el cuerpo o contra ti mismo; sino que tu postura debe ser firme, estable y cómoda.

Al sentirte confortable, no hay necesidad de moverte. Es decir, si nos movemos en la vida –de soltero a casado, de casado a ser padre o madre, de ser padre a ser ahora médico o profesor, de eso a hacerme millonario o famoso– es porque no estamos cómodos: no hemos encontrado la postura que sea firme y confortable.

Mente y cuerpo son una misma cosa: la postura es tanto física como mental, sentimental, emocional o energética; se trata de encontrar **tu** postura en la vida. Cuando la postura es firme y cómoda olvidamos nuestro aspecto físico, olvidamos el cuerpo.

Toda molestia o enfermedad te recuerda el cuerpo: una jaqueca te recuerda la cabeza; una indigestión te recuerda el estómago; un desgarro te recuerda un músculo; la molestia en un órgano, te lo recuerda... Eso es porque algo no anda bien. Así pues, lo que incomoda te recuerda el cuerpo; pero, cuando hay comodidad, te olvidas del cuerpo.

En la vida material, si queremos obtener algo, tenemos que recordar; por ejemplo, cuando estudiamos en el colegio, para pasar de grado debemos recordar y entonces vamos progresando. Pero en la religión, es justamente lo opuesto: es el sendero de olvidar, por la sencilla razón de que **somos** memorización, **somos** recuerdo.

El ego es recuerdo ya que es todo lo que recuerda sobre sí mismo; tú eres tu nombre, tu nacionalidad, tu familia y muchos patrones de conducta que has adquirido. Por ello, el proceso de transcender el ego es el de olvidar. La vida religiosa es un olvidar el cuerpo y todos los diferentes aspectos: físico, energético, mental, etc.

Así pues, el cuerpo sería la primera puerta para llegar a este estado, a esa *āsana* en la cual estoy firme y cómodo de tal manera que el cuerpo se olvide. Posteriormente se olvida la mente, porque de la misma manera que cuando el cuerpo está firme y cómodo lo olvidamos, también olvidamos la mente. Una mente firme y cómoda simplemente se olvida... y el olvido de lo que crees ser es la experiencia de lo que realmente eres.

Quien busca resultados siempre quiere un «cómo», una técnica y pregunta: «¿Cómo llegamos a esta firmeza y comodidad en la *āsana*?» En el *sūtra* 47, Patañjali nos dice:

prayatna-śaithilyānanta-samāpattibhyām

> La *āsana* se alcanza eliminando la tensión y meditando.

Es decir, para llegar a la postura, debes eliminar tensión; ¡es algo tan distinto a lo que nos han acostumbrado en la vida! Estamos habituados a que para obtener algo precisamos esforzarnos, hacer grandes sacrificios, lo cual implica tensión: la tensión de la ambición y del deseo; si deseas obtener dinero o fama, debes esforzarte y vivir en tensión.

Sin embargo, en la vida espiritual, todos los bienes no vienen a través del esfuerzo, sino a través de la eliminación de la tensión. Tu postura en la vida no la vas a encontrar tratando de ser «esto» o por ser «aquello». Si deseas encontrar tu posición en la vida, no puedes estar moviéndote de acá para allá buscando y esforzándote.

Para llegar a esta firmeza y comodidad, lo único que precisas es eliminar tensión y olvidar el cuerpo. Al olvidar el yo, te curas de esta horrible enfermedad que es el egoísmo, que consiste en un constante recordar. Así como en la jaqueca recuerdas la cabeza, en la indigestión el estómago o en el desgarro el músculo, del mismo modo en el egoísmo no puedes olvidar el yo: «Yo quiero esto», «Yo quiero eso», «Yo no quiero esto», «Me gusta eso», «No me gusta esto». El yo es lo más importante: vivimos toda la vida defendiéndolo, inflándolo, cuidándolo y protegiéndolo. Hay hambre en África o en la India, pero lo importante es que **yo** coma; hay tristeza, pero lo importante es que **yo** estoy triste; hay pobreza, pero importa que **yo** no sea pobre; la gente sufre, pero lo horrible es que **yo** sufra, y si otros sufren, ¡no es problema mío!

Ese yo continúa recordándosenos constantemente –como un dolor de muela–, porque indica que algo anda mal: tenemos un problema que llamamos «jaqueca espiritual» o «indigestión psicológica»; el egoísmo es una enfermedad espiritual, una enfermedad del alma.

Si deseamos olvidarlo, debemos eliminar tensión. ¿Por qué? Porque ese yo es tensión; no es que estemos **tensos**, sino que somos **tensión**: el yo es una tensión, una contracción de la consciencia. Eliminar tensión es la manera de lograr todo bien espiritual. Esto es lo que dice Patañjali:

prayatna-śaithilyānanta-samāpattibhyām

> La *āsana* se alcanza eliminando la tensión y meditando.

Eliminar la tensión es meditar; al eliminar la tensión, se va produciendo la meditación. La meditación es relacionarse con lo ilimitado. Hay quienes traducen: «la *āsana* es un estado en el cual estás direccionalizado hacia lo ilimitado».

La meditación es observar: los pensamientos, los sentimientos, el cuerpo... observar lo limitado. Cuando observas, se produce el milagro de que lo sutil se hace sólido y lo sólido desaparece. Si lo ilimitado observa lo limitado, lo limitado desaparece y lo ilimitado se fortalece. El océano, al observar la ola profunda y atentamente, la descubre como agua, como océano... La ola se disuelve y el océano se fortalece.

Para obtener tu postura en la vida –esa posición tan deseada de sentirse firme y establecido–, no debes vivir como todo el mundo: con esa sensación de que me voy a sentir firme cuando me case, cuando sea padre, cuando obtenga el título, cuando llegue al colegio o cuando llegue a la pensión. A tu lugar –firme y establecido– llegarás solo a través de la eliminación de tensión.

Nos sentimos muy incómodos y por eso cambiamos: buscamos alcohol, drogas, cigarrillos... Pero eso no es búsqueda de felicidad como muchos creen. La gente, al ir a bailar, beber y todo eso, no busca felicidad, sino que está escapando de la incomodidad. La humanidad se siente profundamente incómoda. El *sūtra* 48 dice:

tato dvandvānabhighātaḥ

> Al realizar la *āsana* se alcanza también la inmunidad hacia los pares de opuestos.

El cuerpo y la mente son una unidad: son como dos aspectos de un mismo fenómeno. Toda situación mental se expresa a través de una cara o de movimientos físicos: uno se da cuenta de si una persona está triste, enojada, molesta, satisfecha, cansada o hambrienta. Los sentidos y el cuerpo, en realidad, son la mente exteriorizándose. Pero la mente es movimiento y está muy lejos de la *āsana* porque la mente **es** actividad.

Esta es la razón por la cual el *Yoga Sūtra* comienza con el *yogaś citta-vṛtti-nirodhaḥ*, o «yoga es un estado en que no hay movimiento mental». Los pares de opuestos son el movimiento de la mente: en busca de placer, crea más dolor; en busca de disfrute, crea más sufrimiento; en busca de apego, crea el odio.

Así, la mente vive rechazando lo que no le gusta y corriendo tras todo aquello que le atrae: lo placentero, lo bonito, lo cómodo; nos encadena a dos direcciones que, en realidad, son una sola línea: nos arrastra lejos de todo aquello que nos disgusta y nos hace correr tras todo lo que nos atrae. En esta polaridad vivimos: somos esclavos de esta polaridad. La mente se mueve buscando disfrute y felicidad de un lugar a otro: en este café, en esta persona, en esta muchacha, en este joven, en esta película, en esta profesión, etc. Buscando movimiento...

Pero, al situarte en la *āsana*, todo este movimiento ya no te afecta. Al situarte en la postura firme y cómoda –a través de la eliminación de la tensión–, el movimiento mental no puede molestarte. Quien ha logrado conocer la postura, se sitúa firmemente en el único lugar en el cual realmente está. Porque de eso se trata: situarte en el lugar donde tú estás; no donde está tu imagen o aquel producto de la sociedad; no donde está lo que crees ser, lo que piensas que eres o lo que imaginas ser, sino donde estás **tú**... ese eje central de tu existencia, que es el eje central del universo entero. Solo ahí puedes situarte firmemente.

Dices: «mis ojos, mi cabeza, mi casa, mi familia, mi pie, mi mano, mi dedo, mi mente, mi alma, mi espíritu, mi cerebro, mis ideas, mis pensamientos, mis ideales», pero ¿a quién le pertenece todo esto? Te sitúas allí donde está el dueño de todo esto, donde **tú** estás, no donde está lo tuyo. Solo allí puedes asentarte firmemente; solo allí nadie te podrá mover, porque solo allí te sentirás cómodo.

A quien se sitúa en la postura –por más que se mueva y vaya de aquí para acá–, nada ni nadie lo mueve del aquí:

Se mueve en el aquí...

Vive en el aquí...

Respira en el aquí...

Debido a que está cómodo, nada lo puede tentar con algún resultado del mañana: «haz esto, para que entonces disfrutes de aquello»; él dice: «no», pero no por represión, sino porque está cómodo en el ahora, en este instante: vive en el ahora, se mueve en el aquí y en el presente.

Una mente en la cual cesa el movimiento de los pares de opuestos es una mente que no está. Ese es el sendero del *haṭha-yoga*: evidentemente comienza trabajando desde lo físico, pero se dirige al alma; eso es lo hermoso, que a través de lo físico puedes llegar a lo espiritual, y el yoga nos lleva a lo que todos estamos buscando: nuestra postura en la vida.

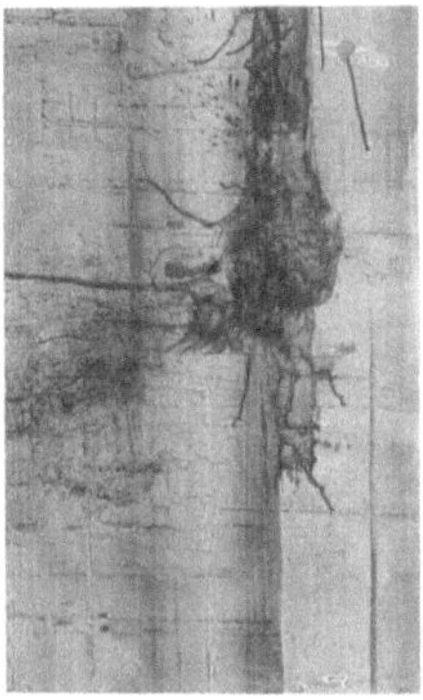

BUSCANDO TU POSICIÓN EN LA VIDA

17 de julio de 2010

El *haṭha-yoga* es quizás el sistema más antiguo de desarrollo psicofisiológico que conoce la humanidad; comienza con las *āsanas* o 'posturas' que se adoptan en su práctica. La *āsana* es el tercer miembro del sistema *aṣṭāṅga-yoga* de Patañjali Maharṣi.

Para comprender más acerca de esta, es importante tener en cuenta el *Yoga-sūtra* de Patañjali. El *Yoga Sūtra* se divide en cuatro capítulos que llamamos *pādas* o 'pies'; así como una mesa precisa cuatro patas para pararse, el *Yoga Sūtra* se sostiene sobre cuatro *pādas*. Estos cuatro capítulos están escritos en *sūtras*, que son como cápsulas que contienen el máximo de sabiduría en el mínimo de palabras.

En el *Sādhana-pāda* (capítulo dos, *sūtra* 46), Patañjali explica qué es una *āsana*:

sthira-sukham āsanam

Eso es una postura: *sthira-sukham āsanam*, es firme y confortable, es decir, cuando te sientes firme y confortable, estás en una *āsana*; aunque no toda posición es una *āsana*.

El *sūtra* 47 dice:

prayatna-śaithilyānanta-samāpattibhyām

La *āsana* se alcanza eliminando la tensión y meditando en el infinito.

Nos da como una guía, una dirección, de cómo llegar a la *āsana*, cómo encontrarla y situarse en ella.

Y el *sūtra* 48 dice:

tato dvandvānabhighātaḥ

Al alcanzar la *āsana* [al obtener la maestría sobre la *āsana*], también se obtiene la inmunidad de los pares de opuestos.

Vamos a analizar estos tres *sūtras* con mayor detención para poder comprender qué es una *āsana*. El *sūtra* 46 dice:

sthira-sukham āsanam

La *āsana* es firme y confortable.

La mayoría de nosotros practica el *haṭha-yoga* y sabe lo que es una *āsana*: es situarse durante cierto periodo de tiempo en una postura determinada, de manera firme, estable y cómoda, en observación y en un estado meditativo.

Hay quienes tratan de dividir las posturas en físicas y meditativas, pero, en realidad, toda postura es tanto meditativa como física. Lo que ocurre es que, cuando no se ha obtenido la maestría sobre la postura, pensamos que es física porque todavía luchamos y nos esforzamos por llegar a ella. Pero cuando se ha logrado cierta maestría, nos referimos a la postura como meditativa.

Para entrar en el tema de la postura yóguica, será imprescindible comprender que los sabios védicos de la antigüedad –y el yoga en general– no consideran que el cuerpo físico esté desconectado de la mente. El plano psíquico y el físico no están separados, sino que, muy al contrario, son diferentes aspectos de un mismo fenómeno o realidad. La mente es cuerpo; el cuerpo es mente. El cuerpo es una exteriorización de la mente; es la mente moviéndose en el plano físico.

Para el *sanātana-dharma* –que es el origen del yoga–, el hombre no es algo tan simple como un cuerpo físico con un alma dentro, sino que comprende muchas facetas, niveles y aspectos: físico, mental, emocional, sentimental, energético... Por lo tanto, cuando Patañjali nos habla de la postura, evidentemente no se refiere solo a una posición física; cuando dice que la *āsana* es firme y es confortable, se está refiriendo al cuerpo y a todo lo que abarca el ser humano.

Después de esta introducción, podemos comenzar a analizar la firmeza y comodidad de la *āsana*.

De acuerdo con el yoga, la enfermedad es uno de los

grandes obstáculos en el proceso retroprogresivo; no es solo que la enfermedad nos priva de estudiar o asociarnos con nuestro maestro, es mucho más que eso: el dolor, la molestia o la incomodidad nos recuerdan el cuerpo. Cuando tenemos jaqueca, recordamos la cabeza; una indigestión nos recuerda el estómago; un desgarre nos recuerda el músculo. Por supuesto, ello nos lleva a una gran incomodidad a nivel mental, porque el cuerpo y la mente están relacionados.

Asimismo, la postura debe ser confortable y firme. Cuando te sientes cómodo, se produce un olvido del cuerpo: cuando no hay indigestión, no recuerdas tu estómago; cuando no hay desgarre, los músculos te son cómodos, no los sientes y los olvidas; olvidas tu cabeza cuando no hay jaqueca: la ves como un gran orificio en el universo desde donde observas todo lo que ocurre.

La *āsana* es confortable y, por lo tanto, al situarte en ella, olvidas tu anatomía; es un olvido de tu aspecto físico que incluye mucho más que el cuerpo; es el olvido de una actitud hacia la vida, de un concepto: de tu actitud corporal hacia la vida.

¿Qué es aquello que olvidamos? No solo nuestro aspecto limitado en el espacio y en el tiempo –nuestra forma–, sino el concepto de que «yo soy el cuerpo»: que yo nací el día en que este cuerpo apareció; que amo a todos los que tienen alguna relación con este cuerpo: mis hijos, mi esposa, mis sobrinos, mis nietos, mis compatriotas, porque son una ampliación del cuerpo.

Olvidar es dejar de buscar la felicidad y la dicha a través del cuerpo y los sentidos, dejar de introducirle champán o humo. Porque, si deseo la felicidad y yo soy el cuerpo, la manera de ser feliz es a través del cuerpo, y por eso le ofrezco placer y disfrute. Sin embargo, seguimos igual de miserables porque no somos el cuerpo **solamente**; este es un aspecto nuestro, pero no es todo.

Situarse en la *āsana* es olvidar un concepto muy limitado que tenemos de nosotros y de la vida; es olvidar el cuerpo y su adoración hacia el lugar geográfico donde el cuerpo vino al mundo: «Soy chileno, ¡Chile es el país más glorioso!», «Soy inglés, ¡Inglaterra es el país más fuerte!, ¡los ingleses son los mejores!», «Soy ruso, ¡Rusia es la madre patria!».

Si nos olvidamos a nivel físico, tarde o temprano nos olvidaremos a nivel mental, porque cuerpo y mente son una misma cosa: dos aspectos de un mismo fenómeno, de una misma realidad. A través del cuerpo, podemos saber lo que está ocurriendo a nivel mental en una persona: tristeza, felicidad, disfrute, celos, rabia; todo ello se manifiesta en nuestra cara y en nuestras posturas físicas. Todo lo que está ocurriendo en la mente se expresa a través del cuerpo. Incluso las reacciones eléctricas en el cuerpo son captadas por las máquinas de la mentira, porque lo que está ocurriendo en la mente se expresa en el cerebro y lo que pasa en el cerebro se expresa en el cuerpo. La mente y el cuerpo son como las dos puntas de una misma cuerda. Así pues, en la *āsana*, olvidas el cuerpo y, a nivel mental, ocurre el olvido de la mente.

¿Por qué es tan importante este olvido? Hemos sido educados para recordar, para memorizar. Desde el colegio, saber algo es recordar en un examen: si recordamos lo que se nos pregunta, lo aprobamos y tenemos éxito; si no recordamos, estamos en problemas. Recordar es saber, recordar es progresar.

El sendero de la religión, en el campo espiritual, es justamente lo opuesto: es un proceso de olvido, por la sencilla razón de que el ego es memoria y recuerdo. Por lo tanto, si el sendero de la religión es trascender el ego, trascendernos será olvidar.

Somos memoria, somos el recuerdo de todas las opiniones o ideas, y de todo lo que se ha dicho acerca de nosotros. Desde un primer momento se nos dice el nombre: «Tú eres José», «Tú eres Juan», «Tú eres Rosa», «Tú eres Miriam», «Esto eres tú»... Y lo recordamos.

Y luego continuamos recordando opiniones: que eres bonita, eres fea, eres inteligente, eres una persona inaguantable, eres profesor, médico, etc. Pero, de todo este cúmulo de opiniones, ninguna es tuya, ninguna es un descubrimiento propio: son un conjunto de opiniones ajenas, donde se ha tomado a otro como autoridad acerca de lo que eres, sin que de ninguna de ellas seas tú la autoridad.

Cuando se nos pregunta qué o quién eres, sacamos la listita: «Soy chileno», «Soy ruso», «Soy argentino», «Soy de aquí», «Soy de allá», «Soy Juan», «Soy Miguel», «Soy María», y continuamos.... ¡Esto nos ha llevado a tantos complejos de inferioridad! Está todo en la lista: soy médico, profesor, empleado bancario, etc. Este cúmulo de ideas es el ego. Ahora, trascender este yo-idea es justamente olvidar, porque la mente es recuerdo. Quien es capaz de olvidar el cuerpo puede lograr que este olvido se produzca lentamente a todo nivel.

¿Y cómo se logra esto? Patañjali nos dice en el *sūtra* 47:

prayatna-śaithilyānanta-samāpattibhyām

La *āsana* o 'postura' se logra eliminando la tensión y meditando en el infinito.

Así hemos sido acostumbrados en la vida: «¿**cómo** se logra?», «¿**cómo** lo hacemos?», «¿**cómo** lo obtenemos?». Para todo lo que deseamos, ambicionamos y queremos, debemos esforzarnos, porque actuamos desde un lugar de falta, de carencia. Nosotros vamos por la vida con una profunda impresión de que carecemos de algo, y creemos que poseyendo –y para poseer hay que esforzarse– vamos a lograr llenar esta carencia. No prestas atención a que el que falta eres **tú.** El que no está presente aquí y ahora eres tú.

El ego es un hoyo inmenso donde siempre estamos echando cosas: objetos, dinero, fama, honor, gente, personas... Este hoyo no se cierra nunca, al contrario, cada vez se agranda más. Se nos ha enseñado a esforzarnos, a hacer. El ego es el gran actor, el que hace para obtener y alcanzar.

Eso es en la sociedad, en este mundo. Sin embargo, en el terreno de la religión, en el campo espiritual, si quieres obtener bienes espirituales –como meditación, iluminación, Dios, el alma–, se requiere relajación. Estos bienes aparecen, siempre y cuando des la oportunidad para que ocurran, o en otras palabras, si eliminas la tensión. Porque la tensión es una clase de obstáculo para que **tú** ocurras, para que la consciencia ocurra, para que el cielo te acaricie. La tensión o la ansiedad son el obstáculo: todo bien espiritual viene cuando te relajas.

Lo que eres, lo puedes obtener solamente cuando no tratas de obtenerlo, porque al tratar de obtenerlo hay tensión y ansiedad. Eliminar la tensión es trascender el ego porque el ego **es** tensión y ansiedad. Así pues, esta eliminación es la manera de llegar a la *āsana*, a tu postura; y al producirse la postura, se producirá la meditación.

La postura es algo mucho más amplio que una postura física; tomamos una postura frente a una situación, frente a una persona, frente a la vida. No tiene solo un sentido físico, sino que es una actitud. Si miráis alrededor, y veis en el mundo a la gente moviéndose de aquí para allá –de un trabajo a otro, de una casa a otra, de una profesión a otra–, veréis que todo el mundo anda buscando **la postura**, porque nadie está firme.

Todos somos susceptibles de ser movidos por la ilusión, por los deseos o las tentaciones; y siempre estamos buscando algo más. ¡Porque nos sentimos tan incómodos...! Buscamos la postura. Encontrar la postura es encontrarnos a nosotros mismos, porque cuando encontramos el lugar, encontramos a aquel que está situado en el lugar. Hallar la postura es situarnos y eso es lo que estamos buscando todos: situarnos en **nuestro lugar**.

¿Dónde está el lugar firme y confortable? En el *sūtra* 48, Patañjali dice:

tato dvandvānabhighātaḥ

> Al lograr la *āsana*, se logra también la inmunidad hacia los pares de opuestos.

La mente no se mueve, sino que **es** movimiento; la mente **es** actividad. Y esta es la razón por la cual Patañjali Maharṣi, al principio de su *Yoga Sūtra*, dice: *yogaś citta-vṛtti-nirodhaḥ*, es decir, el yoga es un estado en el cual la mente se aquieta y no hay movimiento mental de *vṛtti*s. Por lo tanto, al lograr la maestría sobre la *āsana* y situarse en ella, el cuerpo logra estar estático y así la mente se torna estática: no hay movimiento mental, no hay más ondas mentales.

Ya que la mente es movimiento y actividad, si esta se detiene... ¡no existe! Una mente quieta es una mente que no está; porque la mente es como un baile: cuando dejamos de movernos, no hay baile: el baile **es** el movimiento mismo. Si danzamos, hay una danza; pero si nos detenemos, ¡no hay danza!... Asimismo, la mente es movimiento de *vṛtti*s o 'pensamientos', pero cuando la mente logra este estado firme y no se mueve, no hay mente.

Tú eres la mente, y en esa quietud de la *āsana*... no estás; no **estás**, pero **eres**. Es decir, estás allí como presencia; lo que no está allí es tu mundo interior de conceptos, ideas y opiniones. Se dice que el mundo desaparece cuando desaparece el ego, pero lo que desaparece es **tu** mundo: tu forma de verlo y de interpretarlo. Ya no estás ahí como un ente separado y desconectado del universo; no está lo que piensas ser, lo que crees ser o lo que se te ha dicho que eres –ese cúmulo de opiniones–, sino que está la presencia de lo que realmente eres, tu autenticidad, tu realidad.

Patañjali dice: *sthira-sukham āsanam*, «las *āsanas* deben ser firmes y confortables».

Todo el mundo anda buscando su postura en la vida; encontrarla es encontrarse. No en vano en Génesis, capítulo 3, versículo 9, Dios –que es omnisciente y lo sabe todo– hace una pregunta a Adán: «¿*Ayekha?*» o «¿Dónde estás?». Durante muchos años me pregunté: ¿cómo puede ser que Dios –que es omnisciente– no supiera dónde estaba Adán? Finalmente, llegué a la conclusión de que, más que una pregunta, era una sugerencia, un consejo: «¿Dónde estás?». Busca dónde estás, entre todo lo que te pertenece: mi casa, mi país, mi familia, mi cuerpo, mi pie, mi mano, mi cabeza, mi corazón, mi cerebro, mi mente, mi espíritu, mi alma...; pero ¿dónde está aquello a lo que puedes llamar «el yo»? Si encuentras dónde estás, si te sitúas... te descubres.

El asiento del gurú es especial; los discípulos se sientan en el piso y el gurú en un gran sofá que denominamos *vyāsāsan* o 'la *āsana* de Vyāsa', porque está reservado para alguien que ha encontrado su *āsana*, la *āsana* original.

Si encuentras la postura, aquí, donde **tú** estás –no donde están tu cuerpo, tu mente o tus pensamientos–, si te sitúas firme en el aquí, nada puede moverte: ni la ilusión, ni los deseos, ni las fantasías. Tan firme y cómodo que no hay nada que pueda tentarte en el universo.

Se dice que tal ser, dondequiera que vaya –aunque hable y se mueva como Nārada por todos los universos–, nunca se mueve del aquí. Alguien a quien no lo mueven los recuerdos, las nostalgias, la imaginación ni las ambiciones futuras está situado siempre en el ahora,

solamente en el ahora. Se mueve en el ahora eterno, en el instante eterno; no se mueve en el pasado ni desde él, sino que se sitúa en el ahora, en el aquí.

Buscar la *āsana* es buscarte a ti mismo. «¿Dónde estoy?» equivale a preguntarnos «¿quién soy?». El descubrimiento es la revelación de que, en el mundo dual de la relatividad, buscamos placer, disfrute y felicidad, y cuando se nos habla de iluminación –de encontrarnos a nosotros mismos o de encontrar nuestra postura–, podemos pensar que se está hablando de un gran placer y felicidad. Pero los que saben dirán que no: la realización de tu auténtica naturaleza te lleva a la comodidad de estar en el lugar al cual perteneces, de ser lo que eres. Es esa clase de comodidad en la que nada puede tentarte porque ante todo placer... hay un placer más grande.

La comodidad es tu lugar, es una comodidad trascendental.

Descubre la magia de la repetición

23 de octubre de 2011

En diversas oportunidades, diferentes personas se acercan y me preguntan, tratan de obtener consejos o guía acerca del problema de la monotonía, de la rutina, en sus prácticas espirituales. Le pasa a muchísima gente, no solo dentro del hinduismo, sino también en otras religiones. Esta inquietud surge desde diferentes ámbitos; por ejemplo, en la enseñanza del *haṭha-yoga*.

Yo aprendí el sistema clásico del *haṭha-yoga* de Swami Viṣṇu Devānanda, discípulo de Swami Śivānanda. En este sistema, se repiten en cada lección más o menos doce *āsanas* o 'posturas' en un determinado orden. Se comienza con la relajación, luego *sūrya-namaskāra*, *śīrṣāsana*, las posturas de pie, y se termina con una relajación final.

Ahora, en cambio, algunos profesores de *haṭha-yoga* explican:

> Tengo un problema: los estudiantes dejan de sentirse atraídos, abandonan mis clases y se van a otros centros de yoga donde se enseña una gran variedad de posturas; cada lección es diferente, cada clase es distinta... y la gente se siente más cómoda y satisfecha; se alejan de mis clases porque las encuentran rutinarias y aburridas. Bueno, ¿qué hago? ¿Incorporo más variaciones?.

Hay muchos guías o instructores de *haṭha-yoga* que van a seminarios o a conocer a otros profesores, y lo que tienen en mente a menudo es cómo obtener nuevas técnicas o posturas con el fin de entretener o distraer a sus estudiantes y que la gente continúe asistiendo a sus clases.

Ante esto, tengo que decir que no se trata simplemente de un problema relacionado con el *haṭha-yoga*, sino que está relacionado con toda práctica espiritual, y especialmente en Occidente.

Oriente y Occidente son sumamente distintos: para Occidente, la rutina y la monotonía son un problema e incluso una amenaza, mientras que, en Oriente, encontramos en todo sendero involutivo la monotonía como parte de la práctica.

Cuando en Occidente se habla de artes marciales, se piensa en algo sumamente entretenido porque la gente está acostumbrada a ver películas de lucha. Sin embargo, si te adentras en las artes marciales clásicas originales –karate, kung fu, t'ai chi ch'uan, judo, jujitsu, taekwondo y las antiguas artes marciales de India–, te vas a encontrar con una práctica sumamente monótona.

Quien haya incursionado, aunque sea un poco, en el karate, el shorinjiryu o el shoto-kan, sabe que utilizan la *kata*. *Kata* es una serie de movimientos repetitivos que simulan una lucha con un oponente imaginario, y de esa forma se ejecuta esa serie, como una danza. Esa serie de movimientos se practica una vez tras otra: no un día ni una semana, ni un mes, ni un año, sino años... la misma *kata*, la primera. Y luego, cuando tu maestro considera que estás realizando los movimientos de manera adecuada, te permite un paso a una segunda *kata*. Después comienzas tu práctica con la segunda *kata*, otra vez, durante años y años y años. Puede ser algo sumamente monótono... una rutina.

Lo mismo ocurre si analizamos el arte. Es otra disciplina, pero encontramos exactamente lo mismo. En general en Occidente, una persona apenas aprende a tocar la guitarra y comienza muy rápidamente a escribir música o a hacer melodías. Apenas aprendió a tocar la batería, canta un poquito, y... ¡sus propias canciones! Nadie quiere cantar solo canciones de los demás. La gente quiere innovar, distraerse, esparcirse, divertirse, entretenerse. Es otra la actitud.

Sin embargo, si nosotros vemos a nuestros discípulos como Saccidānanda, por ejemplo, que aprende a tocar el sitar, si alguien observa todo su periodo de estudio... ¡años! Es una monotonía que en Occidente daría miedo. Es lo mismo: es tocar ejercicios de otra persona, antiquísimas *rāgas*... ¡pero muy antiguas!, que ya muchos han tocado.

No es una nueva canción o una nueva melodía. Si vas a ir a estudiar arte en India, pensando en un tipo de recreación o entretenimiento o distracción, te vas a encontrar en una monotonía y te vas a aburrir.

Con las prácticas espirituales sucede lo mismo: cuando cantamos en nuestras *pūjās* es cada día exactamente las mismas canciones e himnos. La práctica del *japa-yoga* puede ser tediosa, sumamente monótona: es un mantra, no hay todos los días un mantra nuevo, sino que es tu mismo mantra. Puede ser:

oṁ namaḥ śivāya
oṁ namaḥ śivāya
oṁ namaḥ śivāya

hariḥ oṁ
hariḥ oṁ
hariḥ oṁ

hare kṛṣṇa hare kṛṣṇa kṛṣṇa kṛṣṇa hare hare
hare rāma, hare rāma, rāma rāma hare hare

Día tras día...

hare kṛṣṇa hare kṛṣṇa kṛṣṇa kṛṣṇa hare hare
hare rāma, hare rāma, rāma rāma hare hare

Un número de rondas que se cantan en la misma *mālā*, en el mismo rosario (como le llaman en Occidente):

hare kṛṣṇa hare kṛṣṇa kṛṣṇa kṛṣṇa hare hare
hare rāma, hare rāma, rāma rāma hare hare

Monótono...

Evidentemente, para una mente occidental no pasará mucho tiempo hasta que lo encuentre aburrido. Más de una ronda... ¡es difícil! Así pues, me dicen: «Prabhuji, ¿cómo puedo continuar haciendo esta ronda todos los días? ¿Esto es lo que voy a hacer? ¿Esta es mi práctica? No... Yo no me siento conectado a esto, yo necesito siempre algo nuevo». Y cada mente, cada ego, piensa que él es así: «Yo necesito siempre algo nuevo, cambiar... cambiar...». No es que **yo** necesite siempre cambiar: es la mente la que necesita siempre cambiar.

La mente necesita vitaminas, alimento, y el alimento de la mente es la novedad, la recreación, la fiesta, el jolgorio, la parranda, lo nuevo. Todo ello es alimento mental: nuevas sensaciones, la nueva pareja, el nuevo auto, el nuevo deporte, el nuevo pasatiempo, el nuevo lugar, la nueva práctica... Es el alimento porque si la mente no recibe eso y entra en la monotonía o la rutina, se aburre y aburrirse es sinónimo de desaparición. Nos molesta. Nos sentimos incómodos y nos preguntamos: «¿Toda mi vida va a ser así? ¿Y yo dónde estoy acá?».

Voy y desaparezco...

«¿Todo el tiempo cantar canciones de otro? ¿Repetirlas? ¿Todos los días decir: *oṁ*... *oṁ*... *oṁ*... *oṁ*...? ¡Sesenta veces! ¡Sesenta rondas! ¡*oṁ*... otra cosa, *oṁ* esto, *oṁ* lo otro...! pero, ¿solo *oṁ*, *oṁ*, *oṁ*?».

Te sientes desaparecer, eres menos... vas disminuyendo...

La mente se siente incómoda. Tiene que haber algo nuevo: el tenis, el karate, la guitarra, el paseo, el viaje, las vacaciones, el nuevo trabajo, la nueva pareja, divorciarme y casarme de vuelta, otro auto... ¡algo nuevo! La novedad, la jarana, la fiesta, el carnaval constante... Eso le pasa a mucha gente, que piensa: «Ya estoy aburrido de esta monotonía de ser soltero... ¡Hay que casarse!». Se casan y después de un tiempo... ¡la monotonía! Siempre la misma persona: te despiertas al lado de la misma persona... Vuelves del trabajo ¡y está la misma persona! Y empiezas a culpar al otro: «Yo me aburro por culpa del otro. ¡Hay que cambiar! Me busco otra pareja o... ¡vamos a hacer algo! ¡Vamos a tener chicos para entretenernos!». ¡Y ahí viene cada entretenimiento! Cuidar a los niños y preocuparse por ellos da mucha distracción. Pero no es fácil, y por eso hay que distraerse de nuevo, ir a tomar vacaciones...

Y esa es la vida, la vida de la mente... Constantemente buscar la distracción, la novedad...

De pronto... ¡aparece un *āśram* con un gurú! ¡Oh! ¡Ahora va a cambiar todo! Ahora... ¡todo nuevo! ¡Nueva vida, todo cambia, esparcimiento, un desahogo! Ir al *āśram*, estar con el gurú... Todo diferente... ¡mientras es nuevo! Pero en el *āśram*, si eres un buen discípulo vas a seguir una *sādhana*, una práctica espiritual, la cual te va llevar todos los días a hacer cierta cantidad de rondas en el *mālā* y meditación a cierta hora. Si eres bueno para la música, si es tu talento, entonces debes practicar diariamente y hacer *karma-yoga,* que puede ser sumamente rutinario, como hacer incienso todos los días.

Rutina, rutina, rutina...

Y en cierto momento dices: «Bueno, afuera era mejor porque había menos rutina». El mundo y la sociedad empiezan a llamarte otra vez... ¡y cambias! Y de vuelta vas a estar en lo mismo porque, de una u otra manera, la rutina va a aparecer. Hasta si llegas a ser presidente de los Estados Unidos y tienes que levantarte a la mañana... y otra guerra más como la anterior... y ahora hay gente que quiere que le suban el sueldo, etc. Rutina...

Hay gente que busca cierta clase de trabajos –como, por ejemplo, ser periodista o policía o bombero–. Tratan de escapar de la rutina, del aburrimiento, ¡porque el aburrimiento nos hace sentir tan pequeños...! Incluso relaciono el aburrimiento con estados depresivos, con tristeza, porque voy y desaparezco... ¡nada me entretiene!.. ¡Tengo que estar entretenido!

Esto está relacionado con el *haṭha-yoga*, con las posturas: otra postura, otra variación, algo nuevo... «¡Porque si no me cambio de profesor! ¿Para qué quiero un profesor que todo el tiempo enseña lo mismo?». O cambio el profesor de karate: «¡Todo el tiempo la misma *kata*... un año... dos años... ¡la misma *kata*! ¡Yo quiero un profesor que con cada lección me traiga una nueva *kata*! Me aburrí de esa... una nueva postura, ¡me aburrí de *bhujaṅgāsana*, y eso!».

Por ello, muchas veces, los profesores de música, karate, yoga o meditación tratan de ofrecer la mercadería que se busca, porque en una sociedad de consumo todo se paga. O empiezo a proporcionar esparcimiento a los estudiantes, o se me van. Entonces les tengo que traer, cada tantas clases, una *kata* nueva, un movimiento nuevo, una nueva postura, una innovación: yoga con calor, yoga con frío, yoga con un baño turco... ahora he escuchado que hay hasta yoga desnudo, yoga con cábala, yoga con cristales... ¡Que la gente no se aburra, si no se me van los estudiantes! ¡Algo hay que hacer!

¿Meditación? Si abres un curso, una escuela de meditación, y la gente se sienta a diario a meditar... ¡se te van a aburrir! Tienes que empezar a meditar en colores... meditar en árboles... entrar aquí... salir de allá, el centro del universo, estrellas, ¡algo! Porque la gente se te va a aburrir y se van a ir y... ¿de qué mantienes la escuela? Pero esto ocurre por falta de comprensión.

Oriente desde siempre ha trabajado con la monotonía sin temer el aburrimiento, sin escapar de él. Como con muchos aspectos de la vida, escapamos de la soledad y de muchas cosas que nos parecen negativas y nos incomodan. Porque tenemos que tomar en cuenta que el ser menos, el desaparecer, incomoda a la mente, incomoda al ego.

Y de ahí proviene nuestro escapar incluso del amor. Porque al amar desapareces, eres menos. Entonces, ¡enfrentémoslo! Vayamos y veamos de qué se trata el aburrimiento. Vas a descubrir que el aburrimiento, generalmente, nos lleva a un estado de desaparición y, por no desaparecer, nos dormimos, porque cuando el ego no quiere desaparecer... se duerme. De este modo también desaparece, pero como un estúpido, sin ser consciente de ello.

En cambio, a través de todas estas prácticas, como el *haṭha-yoga*, manteniendo la postura, no te puedes dormir. Si estás en la misma postura, en la misma *āsana*, pero te entregas a la rutina, en vez de escapar de ella, lo que va a ocurrir es una gran revelación: que cuando estás en *bhujaṅgāsan*, en *sarvāṅgāsana* o en una postura meditativa, manteniendo tu postura erguida, no te puedes dormir. Igualmente, repitiendo tu mantra o tocando la *mālā*, no te puedes quedar dormido, nadie puede quedarse dormido tocando y contando las rondas. Llegarás a un estado en el cual vas penetrando la rutina. La penetras, la aceptas, pero sin caer a dormir.

Por esto mucha gente dice que *śavāsana* o 'la postura de relajación' es la más difícil de todas, pero no todos saben por qué: la razón es que es quizás la única postura en la cual no existe ninguna tensión o esfuerzo. Es un completo dejarse ir. En *śavāsana*, ¡es tan fácil caer a dormir! Es una invitación al sueño. Por ello, la relajación es solo para avanzados. En una *āsana* como *bhujaṅgāsana* o *śīrṣāsana*, o en la práctica de *sūrya-namaskāra*, ¡evidentemente nadie puede quedarse dormido! Pero *śavāsana* o relajación es una invitación a dormir si no estás consciente. En cambio, con ella puedes aprender quizás una de las más importantes lecciones, porque es la postura del cadáver. Es como permanecer consciente al entrar a otra dimensión... al morir...

Es en ese estado en el cual te sitúas a meditar a diario, a la misma hora, en el mismo lugar si es posible, pero sin buscar esparcimiento, sin buscar un Dios que sea una recreación, sin buscar una iluminación parecida a un jolgorio, un carnaval o una parranda. No busques una distracción o diversión: ve hacia la rutina.

Porque, al fin y al cabo, debes comprender que la realidad de tu eternidad será un permanecer aquí... ahora... en el mismo silencio... eternamente... Y si no has experimentado la monotonía, no vas a comprender de qué se trata todo esto.

Mucha gente persigue la iluminación como un escape del aburrimiento, y no debe ser así. A diario, a la misma hora, si es posible, en el mismo lugar, te sientas y aceptas esa monotonía, no la rechazas, no escapas de ella, te relajas en ella y te dejas caer profundamente en esa monotonía, en la rutina. De pronto, verás que hay monotonía, pero no hay aburrimiento... te sentirás desaparecer.

Y solo entonces conocerás la frescura... y no digo lo nuevo, como la nueva moda o el nuevo disco, no la nueva sensación que despierta la mente, el ego, tu pasado. Digo «lo fresco» como la primavera, como las primeras flores de la primavera... ¡esa frescura! Son las mismas flores, ¡pero frescas! Percibirás algo fresco en lo profundo de ti: es la frescura de tu autenticidad. Será tu primavera espiritual... la revelación de tu frescura... de algo vivo... de Dios...

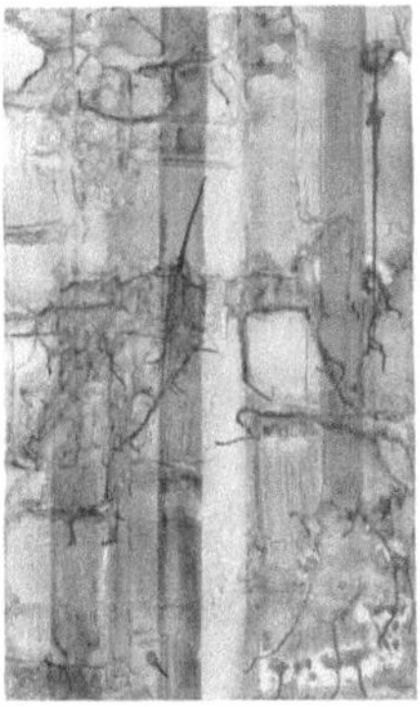

Karma-yoga: el arte de la acción

4 de julio de 2010

Todos nacemos creativos. Sin embargo, la creatividad puede ser estimulada o reprimida. Lamentablemente, la sociedad –con la educación que nos brinda– contribuye a la represión de la creatividad porque el colectivo no aprecia lo creativo, sino que valora solo el resultado.

La sociedad valora la eficiencia, que se opone a la creatividad e incluso la obstaculiza: valora la repetición, que está muy relacionada con la eficiencia. En una sociedad de consumo, producir es lo importante, y para ello la calidad es lo que cuenta: que sea bello, bonito, duradero, barato; la eficiencia está relacionada con la repetición, con el copiar. En cambio, la creatividad no es eficiente.

Por lo tanto, diríamos que la persona creativa, en cierta forma, siente esa inclinación interna a alejarse del colectivo, porque sabe que la creatividad es del individuo; siente esa necesidad interna de no ser parte de la masa porque percibe su automatización. En ese «hacernos eficientes» mediante la repetición, sin darnos cuenta nos vamos robotizando.

El sistema educacional y familiar nos enseña que debemos prepararnos para ser lo suficientemente eficientes en la vida, de tal manera que se nos remunere nuestro trabajo en una sociedad productiva de consumo; mientras tanto, la creatividad va quedando de lado.

Así pues, la creatividad se identifica más con lo individual: florece en el individuo. Vemos que personas creativas se alejan, no diría de la sociedad, sino del ruido mundanal, y buscan la paz, incluso la tranquilidad que brinda el anonimato.

El *karma-yoga* no nos sugiere dejar de actuar o hacer, ni renunciar a las acciones, porque lo considera un imposible –*na hi kaścit kṣaṇam api jātu tiṣṭhaty akarma-kṛt*–. No es posible dejar de actuar en este mundo ya que la acción es intrínseca al ser humano. El *karma-yoga* nos sugiere que hay otra manera de actuar: sin adjudicarte el resultado de la acción, es más, sin ser el origen de la acción; es decir, yendo más allá del actor –el caminante, el bailarín, el hablador, el artista, el limpiador–, que en sánscrito se llama *ahaṅkāra*. Trascendiendo al actor, lo que hagas será una acción; sin trascenderlo, lo que hagas no será una **acción** sino una **reacción**, que es algo muy diferente.

Para comprender esto, es importante entender algo mucho más profundo. Dijimos que la persona creativa se aleja de la sociedad y del colectivo. Pero ¿dónde está la sociedad?, ¿dónde se encuentra ese colectivo? Si deseo encontrar a la masa, al público, ¿acaso debo salir de mi casa? ¿Cuánta gente debo encontrar para decir: «¡oh!, esto es el colectivo, esto es la masa»? ¿Soy yo masa? ¿Soy yo colectivo? ¿A qué me refiero con «individualidad»?

Este cuento empezó cuando estábamos en la cunita y se nos acercó una pareja joven –casada no hacía mucho tiempo– y nos dijo: «Tu nombre es Miguel», o Pedro, Juan, Marta, María... y lo aceptamos. Esa no fue nuestra opinión, sino la de ellos, o la manera en la cual ellos eligieron denominarnos.

Desde entonces –a través de los tíos, los abuelos, los hermanos mayores, los vecinos, los compañeros del colegio, los compañeros del trabajo, los profesores, los jefes, etc.– fuimos recopilando y acumulando ideas acerca de nosotros y de lo que somos; así, llegamos a la conclusión de que me llamo Miguel, Pedro, Juan, María o Marta; que soy chileno, argentino, ruso o americano; que soy inteligente o soy tonto; que soy hábil o inhábil; pesado, desagradable, importante, no tan importante, muy importante, etc.

Las opiniones acerca de lo que soy son extrañas, extranjeras; proceden de otras personas; vienen de la masa; son la opinión pública acerca de lo que soy. A este cúmulo de conclusiones lo denomino el «yo».

Pero ¿qué sé yo acerca de mí mismo? Si alguien me pregunta: «¿qué eres?» o «¿quién eres?», inmediatamente saco mi lista: «me llamo Miguel», «soy chileno», «soy hindú»... soy esto... soy lo otro. En esa lista, prácticamente no hay nada que sea un descubrimiento mío; no soy la autoridad y fuente de ninguna información acerca de lo que soy: todo procede de una autoridad extraña.

Ni siquiera es lo que creo ser, sino que es lo que me convencieron de que soy, y yo lo acepté.

Cuando digo que la creatividad es del individuo y no de la sociedad, no me estoy refiriendo a que la creatividad sea del ego; este yo-idea es la sensación de separación, que es completamente diferente de la individualidad. El ego es esa sensación de ser algo aparte; es incluso una consciencia de desconexión, de separación; en cambio, la individualidad es una consciencia de unidad.

En la individualidad, soy una ola, pero me siento profundamente conectado al océano; tengo una forma, una vida temporal que comienza y finaliza, estoy en el espacio y en el tiempo, pero me siento profundamente agua, océano, líquido. La individualidad posee raíces, y esas raíces han crecido y se han incrustado en lo profundo de la existencia, de la vida, del Todo.

Al contrario, el ego es una sensación de separación; es superficial porque proviene de lo externo. El yo-idea está relacionado con los demás, no tiene profundidad ni raíces. Al ego le interesa mucho la opinión de los demás porque él proviene y vive de ellos. Su vida es del prójimo.

Deseamos apartarnos de la masa, pero ese colectivo no está allá afuera: si yo soy las opiniones de toda esa gente, entonces la masa vive en mí; la acarreo en lo profundo de mí. Si yo quiero encontrar al público, simplemente al hablar lo estoy haciendo.

Tus reacciones no son tus propias reacciones, sino que toda la historia de la humanidad está reaccionando a través tuyo: todo tu país, toda tu cultura y todo tu cautiverio; eres esclavo del nacionalismo, de las ideas preconcebidas, de la segregación racial, de la discriminación de clases. Muchos creen que es lo que piensan, pero es lo que **son**.

Así, si todas mis reacciones provienen desde esa esclavitud, ¿cómo puedo hablar de creatividad? Mientras trato de liberarme del cautiverio, trato de salir de estas cadenas, lo único que consigo es que el cautiverio se haga más sofisticado; es una cárcel más desarrollada, más moderna, más amplia, pero sigue siendo el mismo cautiverio. ¡Es tan difícil rebelarse, hacer una revolución! ¡Imposible!

Es más fácil levantarse contra un dictador, contra un Mussolini, un Mao Tse-tung; es simple hacer una revolución para cambiar el gobierno, la dictadura, la tiranía. Pero la religión, la espiritualidad, la creatividad, es un levantamiento contra uno mismo y el propio condicionamiento; es más difícil por la sencilla razón de que te estás resistiendo a una tiranía mucho más cercana, que está en ti y que eres tú.

El *karma-yoga* dice que tienes derecho a la acción, pero no a los frutos; que actúes, pero por amor a la acción, sin esperar un resultado. Esto es completamente contrario a todo lo que dice el público, la masa o el cautiverio.

Si me gusta escribir, cantar, bailar, pintar, esculpir, pero estoy buscando aplausos, fama, dinero, posición, reconocimiento, el aprecio público, tengo que tener mucho cuidado porque es posible que lo que amo no es el arte, sino lo mismo que ama la masa. Igualmente, si estoy hablando o escribiendo solo por un resultado, por el fruto, es muy posible que ello no sea una acción sino una reacción; es el colectivo, la masa en mí que está buscando sus salarios, su reconocimiento, su apoyo, sus premios, sus medallas y todo, porque son el producto.

¿Cuáles son los problemas con eso? Uno de ellos es que, al buscar el resultado, estoy en el futuro, porque todo producto se encuentra obviamente en el momento siguiente: no puedo situarme en el ahora.

Por lo tanto, para actuar sin pensar en el resultado, tengo que interesarme solo por lo que hago y no por lo que va a salir de lo que hago. Si adopto la actitud de pensar en el producto, entonces el proceso ya no es tan importante.

Podemos ver que generalmente la sociedad te dice que lo que haces ahora no es la cosa en sí, sino que lo realmente importante es el resultado. En cambio, el *karma-yogī* es una persona auténticamente creativa y para él, el obrar es lo relevante, y el resultado vendrá por añadidura... ya que la vida pasa **ahora**. Este instante es la realidad, no «lo que fue» ni «lo que será». «Lo que fue» es un recuerdo, «lo que será» es una proyección de esos recuerdos, pero todo eso es solo imaginación, lo único importante es «lo que es». Y «lo que es» es el obrar o lo que estoy haciendo. Los resultados pertenecen al dominio del mañana. Por ello, al amar lo que hago estoy en la realidad, en el momento presente.

La acción es muy vital; está llena de esa frescura que tiene la vida; no es lo trillado. En cambio, la reacción es robótica; le falta vida. Por eso, es imposible para quien busca resultados ser creativo; lo que haga siempre será una reacción. La reacción no es importante, porque el resultado no es nunca la creación en sí. Por el contrario, una acción es vital, es relevante, porque es la creación en sí… **ahora**.

No se puede limitar la creatividad solo al arte, la música o el baile, sino que se debe aplicar a cualquier campo. Por ejemplo, podríamos hablar de la creatividad en la religión y la espiritualidad.

Karma-yoga encuentra su pináculo en la meditación: si no obtienes una base de *karma-yoga*, será imposible que medites. Meditación es *karma-yoga*. Meditación es amar lo que haces y estar interesado en lo que está pasando ahora; es situarte en el momento presente, no en miras de un resultado, así sea Dios, iluminación, santidad, beatitud, experiencia mística, o lo que sea; no tienen la más mínima importancia. Si no haces nada, ¡eso es todo! La actitud del *karma-yogī*, que es la actitud creativa, es situarse en este instante.

Es capaz de meditar solamente quien comprende lo que es el *karma-yoga*, solamente el ser creativo que puede actuar no en miras de los frutos de ese actuar. Es capaz de meditar únicamente quien ama lo que hace y no lo hace por un resultado, y puede sentarse, en silencio, en paz, y percibir que este instante no solo es importante, único y especial, sino que es **todo lo que es**.

Toda tu vida es este momento: no hay un pasado –el pasado está allí en la memoria–, no hay un futuro, ¡este momento lo es todo! No cambies este momento por ningún resultado de una iluminación, Dios, santidad, beatitud, luces, experiencia mística... ¡solo este instante! Solo alguien así puede profundizar en el ahora.

La vida de la persona ordinaria es superficial; los momentos se siguen uno al otro. Sin embargo, en meditación solo este instante es importante y profundizar en él. Entras en este instante, cada momento no lo continúas, no es: uno, dos, tres, cuatro, cinco; sino que es: uno, y más uno, y más dentro del uno, hasta unirse con ese uno; es ir en lo profundo. Es solo este instante; como no hay un siguiente momento, no hay lugar para resultados. Solo este momento y, entonces, el *karma-yogī* encuentra el amor por su obra, aquí y ahora, experimenta la vida, la existencia, la realidad. Y quien experimenta la realidad, experimenta a Dios.

Decíamos que el *karma-yogī* es creativo; yo diría que la santidad o la iluminación y la creatividad están profundamente relacionadas, y que todo arte procede originalmente de maestros iluminados. Por supuesto, no me refiero al arte donde las personas van y bailan o cantan por algunas monedas, o por obtener fama o aprecio. El arte procede de quienes comprendieron que, para superar la reacción, deben trascender al actor, deben ir más allá de él y situarse en el centro de la vida, de la existencia, de todo lo que es, y a ese centro lo llamamos el «Ser».

El Ser bendito es un centro, no hay otro. Es una experiencia existencial de dicha; puedes ser ese centro, pero no puedes verbalizarlo ni definirlo. En esa experiencia, al abrir sus ojos, los iluminados ven a todas las personas sufriendo, en la miseria, buscando algo que en realidad ya son. Y, desde su dicha, tratando de compartirla con los demás, cantaron, bailaron, escribieron poemas, pintaron, tocaron instrumentos, y de ellos nació el arte.

Acción y reacción en *karma-yoga*

7 de julio de 2010

Generalmente, nos referimos al *karma-yoga* como el 'yoga de la acción' o el 'yoga de la actividad'. Sin embargo, el *karma-yoga* clásico, más que enseñar solamente qué es la acción y cómo actuar, es una sabiduría que nos guía a la trascendencia de la reacción –o de la obra en su nivel instintivo, mecánico, autómata– para despertar al mundo de la acción. Para tal efecto, es muy importante que comprendamos la diferencia entre la reacción y la acción.

La reacción proviene de la mente; su origen es nuestro mundo interno subjetivo de sueños, pesadillas, caos y desorden. Por lo tanto, la reacción se origina siempre en el pasado, porque la mente **es** pasado, es ayer. La reacción proviene del mundo del pensamiento, que es pasado. Al ser pasado –al provenir de la memoria–, la reacción no tiene relación alguna con el instante, con el prójimo, con la situación. Está totalmente desconectada del ahora, porque la reacción no consiste más que en una activación de determinados patrones de conducta que han sido adquiridos en un pasado.

Mi padre, que estudió ventas, en una de sus clases aprendió que si visitas a alguien en su oficina y deseas venderle algo, es muy importante que seas aceptado por él. Debes mirar a tu alrededor y observar muy bien qué ves en su oficina. Si ves, por ejemplo, muchas fotos de diferentes lugares del mundo, sabrás que a la persona le agrada viajar; si ves trofeos de golf o fútbol, sabrás que la persona aprecia mucho uno de estos deportes. Así, en el momento en que tú le hablas acerca de ese deporte, estás activando todo un sistema ante el cual el otro reacciona de forma positiva y te acepta, y de esa manera es más susceptible de comprar lo que tú deseas venderle. En fin, esto es conocido por todos. Cuando nos acercamos a la gente, nos damos cuenta de que podemos activar patrones de conducta en una persona y en otra de diferentes formas; y en esto consiste la reacción. Entonces, en cierta forma, la reacción es ignorar el presente, ignorar el ahora.

La reacción es totalmente subjetiva y va creciendo dentro de ti. Puede ser positiva, como una atracción hacia algo o alguien, o puede ser un rechazo hacia algo o alguien. Se trata de un sentimiento que, por una u otra razón, tú no expresas –ya sea por alguna razón de tipo social o por otra cosa–, y este va creciendo en ti. La emoción crecerá hasta que, después de meses –o incluso a veces años–, se derrama afuera como una taza de té que se colma, sin tomar en consideración lo que pasa a tu alrededor.

Entonces, tu reacción –ya sea de rabia, de pasión o de lo que sea– se expresa, pero no tiene ninguna relación con nadie. Es decir, las circunstancias, la situación, el prójimo y todo lo que se encuentra en ese momento son totalmente irrelevantes para la reacción. No son más que una justificación para que esta se exprese. Tú puedes pensar: «¿por qué se enojó conmigo?» o «¿qué ocurrió que la persona expresó estos sentimientos de atracción?», etc.; pero, al ser una reacción, no está relacionada con el otro. Esta es una de las razones por las cuales la reacción no posee fuerza, no es algo **vital** como la acción.

La acción procede del instante, del presente. Sus raíces están en lo profundo de la existencia, porque es una expresión o una manifestación de esta. La acción posee la vitalidad de lo que es real; no se origina en un pasado. Es como bailar con el presente; es estar en armonía con este instante, como estar en tono con el otro; es un tipo de conversación con el momento. La acción ocurre en el presente, y entonces lo que hagas, lo que toques, tendrá un profundo significado, porque está vivo. La diferencia entre la acción y la reacción es como la que existe entre una flor verdadera, natural, y una flor de plástico. La reacción puede ser bella, pero es siempre trillada.

El *karma-yoga* dice que no dejes de actuar, porque es imposible –lo dice el *Bhagavad-gītā*–, pero que tu actuar debe ser acción y no reacción, porque la reacción destruye y te automatiza. La reacción divide porque no es más que un reflejo de tus conflictos y fragmentación internos. Cada vez que reaccionas, eres un poco más computador. Aprietas un botón y reaccionas de la misma manera;

pasan años y te encuentras reaccionado igual ante la misma situación.

La reacción envejece; la acción vitaliza. La acción es inocente; la reacción es manipulativa porque siempre está buscando un resultado o ciertas metas. En la reacción, no hay amor por lo que se hace, sino una atracción por lo que va a resultar de aquello que se hace.

El *karma-yoga* enseña que, si deseas actuar, lo primero que debes hacer es amar lo que haces. Generalmente atrae tu atención aquello que amas, y si amas, lo que haces atraerá tu atención, hasta tal punto que lo importante será la acción y no lo que resulta de esta. La acción es inocente porque para ella este momento lo es todo. El proceso de la obra es lo relevante, y no lo que resulte de esta. Lo que resulte puede ser placentero o puede ser doloroso, pero eso no es lo importante.

La reacción puede bailar, tocar música, pintar, pero buscando el resultado: la fama, el honor, el dinero, el éxito. Por el contrario, la acción ama lo que hace: pinta porque le gusta pintar, porque ama los colores; baila porque le gusta la danza.

La reacción es el nivel del técnico, la acción es del maestro. La reacción siempre está buscando el «cómo hacer» con repetitiva eficiencia. Evidentemente, cuando deseamos resultados debemos ser eficientes y la eficiencia se pule y se perfecciona a través de la repetición.

En la acción puede haber técnica, pero es irrelevante: te gusta bailar, tienes tal deseo de bailar que te mueves. Puede que no sepas el paso apropiado, puede que no sepas bailar mambo, flamenco, salsa o lo que sea, pero no puedes resistir ese ritmo... la pasión por el baile, esos tambores... Entonces te mueves, te pierdes en la danza, y eso es la acción.

La reacción pertenece al frío mundo del consumo, al que le importa el producto. La acción es del amor; porque solo cuando amas puedes dar una flor o un abrazo, sin buscar un resultado, sin el interés de que algo obtengas a través de eso. La entrega de esa flor, esa caricia o ese abrazo es **todo**. Pero si hay interés, ya no es amor.

La reacción es interesada, siempre está buscando algo a través de lo que hace. En la reacción no hay libertad porque está esclavizada al nacionalismo, a las ideas preconcebidas; vive dentro del cautiverio del clasismo, de las opiniones. Pertenece al colectivo, a la sociedad, a la masa, al público. La acción es del individuo.

Así pues, el *karma-yoga* nos enseña que la sociedad o la masa no se encuentran allá afuera, en la calle, en algún lugar; que para encontrar a la sociedad no debemos salir de casa, pues la llevamos entre las orejas: es la mente. La mente es la sociedad, es el otro, el prójimo; es lo que eres. Mientras vivas desde la mente, con esta idea, este pensamiento «yo» al cual llamamos «ego»... serás la sociedad.

Un día se te acercó una parejita joven y te dijo que te llamabas Carlos, Miguel, María, Miriam... y lo aceptaste. Y de allí continuaron tus tíos, tus abuelos, tus vecinos, tus compañeros de colegio, de la universidad, de trabajo, tus jefes, en fin, presentándote y convenciéndote de muchas otras opiniones: que eras chileno, argentino, italiano, americano; que eras inteligente, o eras tonto, atractivo o pesado, etc., y que eras un médico, un profesor... Y hoy en día, cuando alguien te pregunta qué eres, le presentas esa larga lista de opiniones, conclusiones, ideas, puntos de vista, que otros tienen acerca de ti, pero nada de esa lista lo has descubierto por ti mismo acerca de ti. Todo proviene de los demás, y eso es lo que eres. A ese cúmulo de opiniones lo denominamos el «yo».

Entonces, la reacción proviene de ese cautiverio, de todas esas opiniones e ideas. En cambio, la acción proviene de la individualidad; pero la individualidad no es la personalidad, no es la persona. La persona es esa sensación de separación: es una consciencia de desconexión. Por el contrario, la individualidad es una experiencia profunda de unión con la existencia, con la vida. La individualidad es una flor del universo, **desde** el universo.

El *karma-yoga* nos dirá que puedes lograr la libertad o *mokṣa*, trascendiendo al actor (a la persona, al hacedor), sin adjudicarte como persona –como el yo– la acción y sin buscar su resultado. No es que no vayas a actuar, sino que la vida ocurrirá a través de ti, y tú no estarás ahí como algo o alguien manipulador, hacedor, actor, imitador.

Y cuando tú no estás ahí, Dios está ahí.

La vida ocurre, la vida pasa a través de ti. Deja de vivir tu vida para permitir que la vida viva a través de ti. Eso es un *karma-yogī*: una lapicera en la mano del escritor, un pincel en la mano del artista; un instrumento en la mano de la existencia, de la vida.

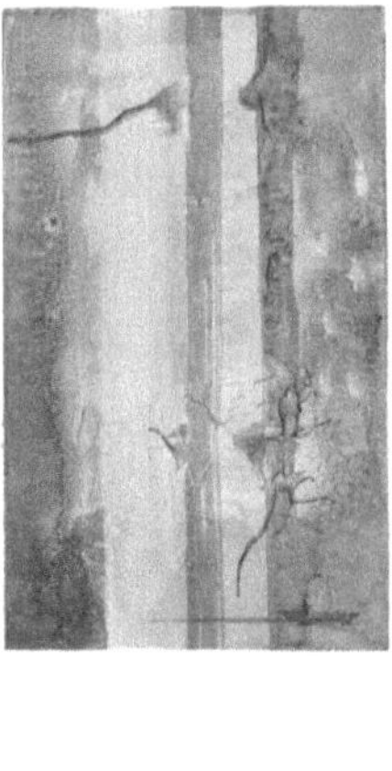

Comunión

31 de marzo de 2010

Sat-saṅga significa 'estar cerca de la Verdad', 'asociarse con la Verdad', 'estar juntos con la Verdad'. *Saṅga* es una palabra sánscrita que también se emplea en el budismo, en pali: vemos, a través de diversas religiones, el énfasis que se pone a este «estar juntos».

Así, en el budismo se emplea *saṅga*, y en el hinduismo, por supuesto, *sādhu-saṅga* o '*sādhus* juntos'. Incluso el concepto está en otras religiones: en el Nuevo Testamento, dice el Señor Jesús que si hay tres personas –o un grupo de ellas– que se encuentran a hablar acerca de él, ahí estará. El Antiguo Testamento habla muchísimo acerca del pueblo de Israel unido y se pone énfasis en el «juntos», en que todo el pueblo de Israel es uno. Tenemos *saṅga* en lo que denominamos la revelación de Monte Sinaí: un pueblo reunido, miles y miles de personas en ese momento en el desierto ante la revelación de Dios.

Este *sat-saṅga* –lo que hacemos ahora– no es una conferencia, no es comunicación: es estar juntos. No es una clase, pues lo esencial aquí no es entregar un conocimiento; no es que quien habla tiene una idea y la hace saber, y los oyentes, pasivamente, reciben, y luego adoptan las ideas en las que están de acuerdo y rechazan las que no aceptan.

En la clase o la conferencia, hay una separación, es decir, no hay *saṅga*. En el *sat-saṅga* estamos juntos. Es ese «juntos» del cual nos hablan las escrituras reveladas; ese *saṅga* entre cada maestro y sus discípulos, a lo largo de toda la historia de la humanidad, es un «estar juntos» donde no hay separación, y a eso se le llama «comunión».

La comunicación proviene de la mente: es un encuentro entre dos intelectos, un intercambio de conocimiento que tiene lugar en el ámbito del pensamiento, de lo conocido, de la memoria; se traspasa lo que se ha aprendido, que proviene del pasado. Por el contrario, la comunión se produce en el ahora, es del Ser, es del presente, ocurre entre dos corazones, dos presencias; ocurre en el espíritu.

La comunión tiene lugar en el ámbito del amor, pero el amor debe distinguirse del apego. El apego es el amor mental. El apego es lo que opinamos acerca del amor, nuestra idea acerca de él. Cuando decimos: «yo te quiero», «yo te amo», lo decimos de acuerdo con la idea que tenemos de lo que es amar. En el fondo, si lo analizamos profundamente, veremos que eso que llamamos «amor» es en realidad apego, deseo de placer, temor a estar solo y muchas otras cosas, pero no amor.

La comunicación está basada en las palabras, que son «pensamiento verbalizado». Si en la comunicación se produce un silencio, esto crea separación y desconexión. El silencio en una conferencia es una metida de pata. En la comunicación, las personas no hablan cuando están enojadas o distanciadas.

Ese silencio puede ser ofensivo, doloroso... puede ser el silencio de la desconexión. En cambio, en la comunión, el silencio es poderoso, está lleno de atención; es un silencio consciente, lleno de observación, de energía, de *prāṇa*. Ese silencio es vivo, fresco... Es el silencio de la meditación.

¿Cuáles son los obstáculos para estar realmente juntos? No son obstáculos físicos, porque lo físico está más relacionado con la comunicación. Para comunicarte, precisas la presencia del otro, su voz. La comunión no necesita algo físico, sino que es trascendental. Así pues, la distancia física no presenta obstáculo para la comunión. El obstáculo es interno, porque la comunión se produce muy profundamente en nosotros, y así el obstáculo también está en nosotros.

Si yo hablo y ustedes escuchan, pero mantienen sus puntos de vista, lo que yo diga lo interpretarán como una idea, con la que estarán o no de acuerdo: si están de acuerdo lo pondrán dentro de su bodega, lo memorizarán y lo aceptarán; y si no están de acuerdo, lo rechazarán. Pero ahí se produce una división: mis opiniones me separan de las tuyas.

Es importante ver cómo se produce la separación. El ego es separación, y esta consiste en mi aislamiento interno, en mis ideas o conclusiones. La palabra *yoga* significa 'unión', 'integración': la religión es volvernos a conectar, porque estamos separados.

Cuando estábamos analizando tiempo atrás otro tema, yo adopté el ejemplo del mapa y el territorio, que utiliza mucho la Programación Neurolingüística. Es un ejemplo muy simple que dice que la realidad es el territorio y el mapa es nuestra interpretación del territorio, es decir, de la realidad. El mapa es un dibujo del territorio que me ayuda, en cierta forma, a tener una idea acerca del territorio y que se confeccionó con información acerca del territorio, pero no es el territorio. Del mismo modo, a través de los sentidos, nosotros acumulamos información acerca de la realidad y confeccionamos internamente nuestro mapa, o sea, nuestra versión acerca de la realidad, la vida, el mundo y los demás. El problema reside en que cada uno de nosotros, en determinado momento, dejamos de vivir de acuerdo con el territorio (la realidad) y comenzamos a vivir de acuerdo con el mapa (la versión).

Y ahí radica el aislamiento, porque cada uno ha confeccionado su propio mapa y, por tanto, los mapas difieren entre sí. Cada uno, de acuerdo con su pasado, tiene su propia interpretación. Así, el obstáculo para estar juntos –para que se produzca el *saṅga*– son todos estos conceptos e ideas acerca de la realidad e incluso acerca de nosotros mismos.

Kṛṣṇa dice en el *Bhagavad-gītā*, capítulo 18, verso 66:

sarva-dharmān parityajya
māṁ ekaṁ śaraṇaṁ vraja
ahaṁ tvāṁ sarva-pāpebhyo
mokṣayiṣyāmi mā śucaḥ

«Abandona toda clase de *dharmas* y entrégate a mí...».

¡Entrégate! Este renunciar es lo que nos conduce a la cercanía. Si hablamos de cercanía al maestro o distancia del maestro, ¿a qué nos referimos? Con el maestro hablamos de comunión, no de comunicación. La única manera de estar cerca es renunciar: renunciar a mi pasado, a lo conocido. Estar desnudo como las *gopīs* frente a Kṛṣṇa en el Yamunā, cuando el Señor Kṛṣṇa les robó la ropa y quería estar frente a cada una de ellas. Estar desnudo de pasado, desnudo de interpretaciones… Es entonces cuando estamos cerca.

El maestro es una presencia, sin pasado ni interpretaciones y, por eso, es una puerta, una invitación a estar cerca del Todo. Cuando logras la comunión con el maestro, es la comunión con el Todo.

Eso es *dīkṣā* o 'iniciación'. En la iniciación, todo lo que se hace es una simbología de lo que ocurre en la realidad: al poner las frutas en el fuego, en realidad estamos poniendo allí los frutos de nuestro pensamiento que hemos creado en nuestro contacto con el ahora, porque el pensamiento es la reacción de nuestra memoria ante el presente, es nuestra memoria en su aspecto activo. Quemamos lo que creemos, lo que pensamos, aquello que hemos concluido acerca de todo. Y nos situamos allí, frente al maestro, juntos, **totalmente** unidos. Eso es una simbología de lo que realmente ocurre en nuestra relación con el maestro.

Y ahí se encuentran, en la comunión, *sat-saṅga*, dos personas abandonando todo lo que puede ser abandonado, quedando desnudos, pues no hay nada que puedas abandonar o a lo que puedas renunciar. ¡Imagínate un estado así! Un estado en el que no hay apego al dinero, a tu familia, a tu país, al planeta; no hay apego a tu cuerpo, a ningún concepto ni idea... ¿Qué queda? Tu desnudez; y solo entonces puedes estar **junto** al maestro.

¿Por qué es tan difícil? ¿Por qué Kṛṣṇa, en ese verso *sarva-dharmān parityajya*, le dice a Arjuna: «No temas, no tengas miedo»? Nos es difícil acercarnos, llegar a esa intimidad y estar juntos. La comunión nos es muy difícil, nos da miedo porque nos aterra la inseguridad.

Sentimos cierta seguridad ilusoria en el aislamiento: **mi** casa, **mi** dinero, **mi** pareja, ¡mío! No hay nada de malo en la seguridad física, pero lo que llamamos «egoísmo» es buscar esa seguridad a nivel interno: **mis** ideas, **mis** conceptos; y entonces me separo, me aíslo.

¿Por qué busco seguridad? Porque soy una idea, un pensamiento, y soy muy frágil; el ego es desconexión y ese aislamiento me debilita. Por ello, el ego vive buscando seguridad y estabilidad en cualquier aspecto –psicológico, sentimental o emocional–, y rechaza la inseguridad. Pero es en esta donde se encuentra la realidad, porque la realidad es insegura; el ego prefiere la ilusión del pasado, que le da seguridad, porque en lo conocido nada puede pasar.

El pasado es predecible. El ego le tiene pánico a lo impredecible, y por eso escapa del ahora, del presente, de la realidad, porque en la realidad puede pasar de todo, y eso lo atemoriza. El ego busca el pasado. Quedarnos en el pasado es seguro: puede ser malo, terrible, una porquería, pero es conocido.

Esa es la filosofía del ego: «Me quedo en el pasado, aunque cuando era chico me tiraron por la ventana, pero al menos lo conozco; más que eso no va a pasar». Entonces me quedo con mis reacciones de cuando era chico y con la misma forma de pensar, y sigo viendo el mundo como lo vi cuando era un niño; y cuanto peor me fue, más estancado me quedo en el pasado, porque tengo más miedo de que me vuelvan a pasar cosas malas.

Por tanto, mis expectativas son que no me peguen, que no me critiquen, que no me manden al diablo, y estas expectativas provienen del pasado; no son expectativas de cosas que no conozco: «Si no me gritan, va a ser maravilloso». Entonces, cuando me hablan de iluminación y de la maravilla, mi expectativa se limita a que no me griten.

Esa búsqueda de seguridad nos separa, nos hace débiles. No podemos romper un montón de fósforos cuando están juntos, pero un fósforo separado es débil, porque la separación es débil. Y como el ego se siente débil, busca seguridad y estabilidad. Por eso el santo o el maestro iluminado deja de buscar seguridad; no la precisa, porque está unido al Todo. Está libre de conflicto y tiene paz. ¿Y qué mayor seguridad puede haber que la paz?

Hay gente que dice que el egoísmo es maldad, pero las personas egoístas no son malas, simplemente se sienten tan indefensas, tan separadas, tan desconectadas, tan solas, que buscan seguridad en, por ejemplo, la estabilidad económica, millones de dólares, casas, gente, amor; pero nunca es suficiente porque están separadas, desconectadas del Todo; son débiles, son «debilidad».

Esa búsqueda de seguridad me debilita más porque me separa más, mis opiniones, mis ideas: «¡Soy comunista y no lo voy a cambiar!». Eso me separa de todo el que es capitalista; y, dentro de mi partido, hay más y menos comunistas, y «¡yo soy de los más!». Entonces eso me separa de otros comunistas. Y finalmente llego a que no hay nadie tan «ista» como yo. Y me quedo solo.

«Soy pluralista». Pero dentro de los pluralistas, «¡yo soy el más pluralista!»; y me voy quedando solo con esta idea del pluralismo. O sea, estas ideas me van separando. Mientras busque seguridad en «mi idea», es posible la comunicación, pero no la comunión. La comunión se produce a través del maestro. ¿Por qué solo a través del maestro?

¿Por qué no puede ser con cualquier persona o cualquier cosa? Se dice que en cierto nivel puede ser mediante un árbol, un pájaro, pero siempre será a través de algún maestro.

El maestro es una puerta: es humano como tú pero es solo una presencia que tiene acceso en ambas dimensiones; habla tu idioma, pero tiene la presencia de la luna llena, de los árboles, de las estrellas.

El maestro es una invitación: desde tu humanidad, a través de él, puedes entrar. Sentimos hacia el maestro una atracción interna irresistible porque anhelamos volver a reunirnos con el Todo; no es que tenga carisma, no es una personalidad especial, sino que es una puerta entreabierta, y a través de ella vemos el cielo. Pensamos que las estrellas y la luna pertenecen a la puerta; decimos: «¡Qué linda puerta!». Pero no son de la puerta. Y al llegar realmente a **estar juntos** con el maestro, después de tirar mis ideas y mis conceptos, en mi desnudez, logro esa comunión con el maestro, y entonces, la puerta desaparece. La puerta se muestra como un vacío a través del cual estoy en comunión con Todo.

Al lograr esa comunión con el maestro, logro la comunión con todo. Como soy yo el que hizo la separación, la unión depende de mí y no del maestro. Si no me deshago de mi acumulación de conceptos y de ideas, estoy separado de todo. Si quemo todo mi pasado, todo lo conocido, todas mis conclusiones en el fuego de la iniciación, es el inicio a estar juntos. Me inicio a través del maestro, pero me encuentro unido a todo: en comunión con las estrellas, la luna, el sol… El maestro está en todas partes, en este momento.

En comunión con este momento, tu vida dejará de ser un conjunto de horas que conforman un día; o muchos días, un año… En comunión, cada momento se transformará en una perla; los momentos serán gotas de néctar que conformarán el río de tu vida.

Cada momento es comunión: hay que entrar en él, apreciarlo, valorarlo verdaderamente. Entra en comunión con la vida, con existencia. *Saṅga* es comunión con Dios, con la Verdad… *sat-saṅga*… juntos.

Represión y sublimación

1 de abril de 2010

Se dice que el deseo es sufrimiento, y eso es algo obvio. El deseo es sufrimiento porque cuando no tengo algo –ya sea comida, un auto, una casa, una persona, posición, fama, dinero, belleza, conocimiento, etc.–, lo deseo, y al no tenerlo, sufro.

Asimismo, el hecho de obtener aquello que deseo –posición, fama, dinero, una pareja muy bella, etc.– conlleva un esfuerzo por mantenerlo, debido a que el mundo relativo en el cual nos movemos es temporal y pasajero: «*dehino 'smin yathā dehe kaumāraṁ yauvanaṁ jarā*», dice el *Bhagavad-gītā* (2.13). Lo que empieza, termina; lo que viene, se va; lo que comienza, finaliza. Incluso si obtienes aquello que deseas, sufres porque te debes esforzar mucho para mantenerlo, y nace el temor a perderlo; y, evidentemente, si lo pierdes, sufres. Entonces, el deseo se manifiesta como sufrimiento antes de satisfacerlo, cuando obtienes el objeto de tu deseo y si lo pierdes: antes, durante y después. Sufrimiento, dolor, miseria…

Por ello, es mucha la gente religiosa –incluso dentro del hinduismo– que piensa: «Bueno, lo apropiado es reprimir el deseo, controlarlo, para que no exista. El fin del deseo es la dicha». Lo cual es cierto: la muerte del deseo es la dicha; pero ellos piensan que reprimir y controlar los deseos –sin permitir que el deseo se exprese– es la manera adecuada para obtener la dicha.

La religión *sanātana-dharma*, en su fuente, tiene a los sabios védicos, que llamamos *ṛṣis*, 'veedores': los *ṛṣis* no fueron pensadores o filósofos, sino veedores; no pensaron acerca de algo, sino que lo vieron. Es como otro instrumento, otro medio: **ver**. Por lo tanto, lo que yo pido es que **veamos** en nosotros el deseo, no que pensemos acerca de él, sino que lo observemos.

¿Qué es el deseo? *Sanātana-dharma* nos dirá que existe un proceso: *jñāna* o 'conocimiento', que da nacimiento a *icchā* o 'deseo', desde el cual proviene *kriyā* o 'acción': conocimiento, deseo, acción. Pero es importante no dejarlo solamente en un nivel verbal, no solo en palabras, sino **verlo**.

¿Cómo se produce esto? Estoy frente a un objeto –a una situación, un millón de dólares, un auto, una torta, un sándwich– y lo veo. ¿Cómo comprendo que eso es un auto o una torta? Porque voy a mi memoria, y veo mis experiencias del pasado, en las que yo ya comí miles de tortas o me senté en autos. Eso está en mi memoria, lo reconozco: voy a lo que fue; y de allí proyecto ese pasado a un mañana en el cual me veo a mí disfrutando ese helado, o en ese auto, o con esa persona. Allí nace el deseo.

Ese es el momento en el cual *icchā* nace; *icchā* nace del conocimiento: desde la mente, desde el pensamiento, desde el pasado, desde lo conocido. Y de allí viene la acción motivada por el deseo: lo adquiero o me esfuerzo por obtenerlo.

El miedo es el mismo proceso: veo algo, voy a mi memoria, a mi almacén de experiencias (lo que llamamos *saṁskāras*). Veo aquello que me ocurrió, que me causó sufrimiento. Proyecto ese pasado en un mañana, en un futuro, en un siguiente momento, y pienso que si eso me ocurre a mí, voy a sufrir, y entonces nace el miedo: temor a sufrir un daño psicológico, emocional o físico.

Esto hay que verlo; ahora estamos viendo, no estamos pensando acerca de ello, sino tratando de verlo en nosotros mismos: para que surjan sentimientos como el deseo y el miedo es absolutamente necesario que exista el tiempo: no tiempo del reloj ni del calendario, no tiempo histórico o cronológico –horas, días o años–, sino un tiempo interno. ¿A qué llamamos «tiempo interno»? A «lo que fue», a «lo que puede ser» y a «lo que debería ser». Para que existan el deseo o el miedo, es absolutamente necesario este tiempo, sin el cual el deseo no puede existir.

De este modo, esto nos puede mostrar lo fútil y equivocado de aquella actitud que dice: «para terminar con el deseo, lo reprimo y controlo, es decir, cuando aparecen mi deseo o mi miedo, simplemente controlo la acción». Pero eso no termina con el problema. ¿Por qué? Porque, si cuando estoy frente a esa torta –o esa posición o la fama–, la proyecto en un futuro y me imagino disfrutándola, pero lo único que hago es reprimir la acción por un deseo de dejar de desear. Es como si, en esos grifos para incendios de los bomberos en la calle, el agua empezara a salir pero la abertura permaneciera cerrada: se acumularía más y más agua, y la presión aumentaría. Es decir, deseo no desear, entonces hay otro deseo, pero comprendo que hay más deseo, entonces ahora deseo no desear desear deseos. Y lo que va a ocurrir es que, tarde o temprano, eso va a explotar, y no siempre de manera sana. Ese es el sendero del control sin comprensión, sin ver.

Este es un concepto básico: el deseo crea dolor antes de obtener lo deseado, cuando lo obtenemos, y si lo perdemos; crea dolor porque crea esclavitud de lo obtenido. Pero el daño más grande que causa el deseo es que nos hace cambiar la realidad de lo que soy (el mundo de los hechos), por lo que podría ser, por lo que deseo ser o lo que debiera ser.

Es decir, si nos damos cuenta, estoy cambiando mi realidad por una ilusión; «lo que es» por un sueño. En cambio, es preferible un simple vaso de agua real que sacie mi sed que cientos de jugos de damascos, de frutilla, y leche con plátano, pero en un sueño. Nada de lo que sueñes –siquiera Dios o la iluminación– puede ayudarte ni un milímetro. Es preferible algo muy simple, pero en la realidad.

Esa es la gran miseria: ignorar la realidad por fantasías como el pasado y el futuro. Lo único que es real es este momento, eso es todo lo que existe. Los treinta o cuarenta años de tu vida existen solo en tu pensamiento, en tu mente; son una idea. Lo que existe de tu vida, como una realidad, como un hecho, es solo este momento.

Y si dijimos que deseo y miedo pueden existir solo en el tiempo, entonces no pueden existir en el presente, porque el presente no es tiempo. Hay gente que piensa que existen el presente, pasado y futuro. No, solo el pasado es tiempo; el futuro es pasado. El futuro psicológico –como las esperanzas o las expectativas– es solo una proyección de lo conocido, ordenado de una manera que sea beneficiosa; el ahora no es tiempo.

Esa es la razón por la cual Kṛṣṇa le dice a Arjuna:

na tv evāhaṁ jātu nāsaṁ
na tvaṁ neme janādhipāḥ
na caiva na bhaviṣyāmaḥ
sarve vayam ataḥ param

> Nunca hubo un tiempo en el que yo, ni tú, ni estos reyes no existieran; y en el futuro, ninguno de nosotros dejará de existir.
>
> (*Bhagavad-gītā*, 2.12)

O sea, fuimos en un pasado: yo, tú, ellos separados; y en un futuro estaremos yo, tú y ellos. Pero no menciona un presente, porque no hay lo que decir del ahora; en el presente, no hay mente, no hay pensamiento, no hay *jñāna*, no hay tú ni yo.

Si entras profundamente en este momento, sin vivir una vida de acumular momentos y hacer horas, días, meses y años, verás que en este momento, el otro desaparece... porque desaparece esta plataforma sujeto-objeto, que existe solo en el pensamiento (con un pensador que piensa los pensamientos). Entonces, en el ahora, no es que logres controlar los deseos, sino que estos no pueden existir. Así como una flor no puede crecer en una piedra, sin tiempo no hay posibilidad de deseo ni de miedo.

Si de pronto alguien se acerca y te da un palo en la cabeza, ¡pajjjjjj!, lo recibes, pero no hay miedo... Puede que tengas miedo del palo que viene, pero no del palo que recibiste. Porque no hay que temer, lo estás recibiendo. Pero si alguien te dice: «Mañana voy a venir a tu casa y te voy a dar un palo», ¡oh!, hay miedo: «¿Qué hago?, ¿llamo a la policía?, ¿qué puedo hacer? Alguien que me ayude, que me defienda, ¡este es un loco!». Hace falta tiempo para tener miedo, así como para desear algo: proyecto ese palo, me veo con el palo en la cabeza, y me veo en el hospital. Entonces, temo; hay que tener tiempo para temer. Pero en el ahora, no hay temor.

Hay mucha gente que cree que los santos son muy valientes. Ellos no temen, pero no por valentía, ni desean, pero no porque hayan controlado los deseos, sino porque se mueven en el ahora, en el presente en el cual no existen el miedo ni el deseo.

En el ahora, se produce una sublimación; no es que se destruya el deseo, es que el deseo y el miedo no pueden crecer en el ahora. Pero esto es una clase de sublimación porque solo entonces, situado en el ahora y mirando, te das cuenta de lo que realmente buscas: corres tras cosas, objetos, dinero, situaciones, fama, poder, posición, personas, pero no deseas coleccionar muchos papelitos de color verde con el retrato de George Washington o

Thomas Jefferson. Cuando deseas fama, no es que tú estés deseoso de ver mucha gente aplaudiendo delante de ti. No buscas ser el primero de la clase para ser abanderado y poder sujetar un palo con un pedazo de trapo colorido en la punta. Hay palos por todas partes y trapos que puedes poner en tu casa y pararte si quieres una hora diaria con el trapo y ser feliz. ¡No es eso lo que buscas!

Cuando buscamos un nuevo auto, más grande y con más ventajas, una casa más amplia, etc., lo que estamos buscando es expandirnos, menos limitación. Sentimos, en lo profundo de nosotros, un estado ilimitado: existir ilimitadamente, saber ilimitadamente, disfrutar y amar ilimitadamente. Buscamos la expansión de nuestra consciencia, y no objetitos, papelitos, situaciones y gente que sienta algo por mí o que me mire.

Esto lo comprobamos porque, quien ha obtenido estas cosas, no es feliz con ellas. De lo contrario, no se suicidaría la gente con dinero o fama, como muchos hacen. Quien no ha llegado allí tiene, por lo menos, la esperanza de lograrlo; está todavía proyectando ese pasado, y dice: «Pero cuando lo consiga, voy a ser feliz». Al que llegó no le queda futuro, ya está más allá de la esperanza, y entonces no le queda más que tirarse por el balcón. Así pues, yo puedo desear solo cosas que no tengo; sería estúpido que yo deseara ser chileno: ¡ya soy chileno! Sería estúpido que yo deseara ser *sannyāsī* o poseer una ropa naranja o tener barba. No es lógico; no puedes desear algo que tienes o desear lo que eres. Deseas siempre lo que no eres: imaginas un estado en el que no estás, poseyendo algo que no posees.

El ahora te lleva a darte cuenta de que lo que deseas ser **ya lo eres**, donde quieres estar **ya estás**. Y esa es la sublimación del deseo; eres consciencia ilimitada, eres un océano de consciencia, sin límites, amplia, *ahaṁ brahmāsmi*, 'eres Brahman', eres **Eso**.

Y por eso yo os invito a este ahora. El ahora es esa invitación, el presente te está invitando constantemente. No hay que luchar contra el deseo y el miedo, no hay que reprimirlos; la dirección es otra: aceptar esta invitación del ahora, que te está esperando.

Cada momento es una invitación a escuchar estas palabras y prestar atención a aquel espacio donde estas palabras llegan. Prestar atención a esta presencia de lo que eres, donde todo realmente ocurre. Este espacio infinito de la consciencia que es lo que realmente eres: un espacio atemporal. Es el ahora, y solo allí encuentras la paz donde no hay deseo y no hay miedo; no hay ayer ni mañana, solo un presente eterno.

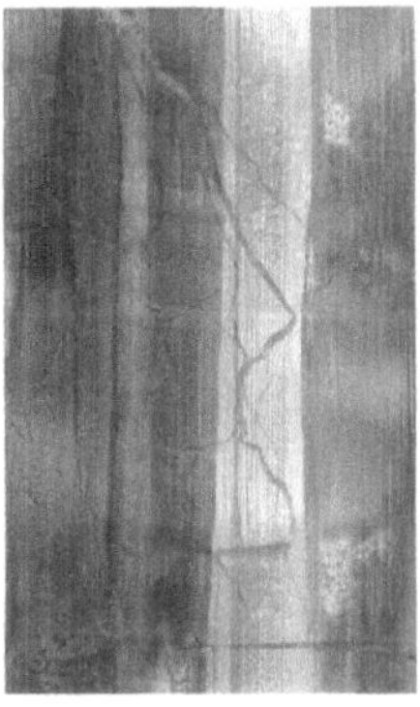

El deseo

16 de abril de 2010

En el *Bhagavad-gītā*, capítulo 16, verso 10, leemos:

kāmam āśritya duṣpūraṁ
dambha-māna-madānvitāḥ
mohād gṛhītvāsad-grāhān
pravartante 'śuci-vratāḥ

> [Los demoníacos,] poseídos por insaciables deseos y llenos de vanidad, soberbia y arrogancia, tienen malas intenciones basadas en el error y emprenden las obras movidos por intenciones impuras.

Este verso es quizás una buena oportunidad para continuar profundizando en el tema del deseo que últimamente hemos estado analizando.

Debo aclarar siempre que lo que aquí se produce no

es una clase en el sentido de la palabra al que estamos acostumbrados. Esto no es una conferencia, porque no se trata de instruir, educar o entregar información de algún tipo, sino que esto es lo que en sánscrito se denomina *sat-saṅga.*

Sat-saṅga es una palabra sánscrita que significa 'un encuentro con la verdad'. *Sat* es 'Verdad' y *saṅga* es 'juntos', y se refiere a situaciones como asociarnos con buscadores espirituales, con personas santas, o estar cerca del maestro. Se refiere a «estar juntos», reunidos. Y en cierta forma, en tal reunión percibiremos la Verdad.

Para comprender el significado más profundo de la palabra *sat-saṅga*, debemos analizar qué es estar juntos; qué es estar **realmente** juntos, no solo cerca, no solo reunidos, sino juntos, no comunicándonos, sino en comunión.

La comunicación tiene lugar entre dos mentes: es un encuentro, pero a nivel intelectual o verbal. «Juntos» es un encuentro a nivel del alma, a nivel espiritual; es una comunión. Para estar realmente juntos se requiere abandonar o renunciar a todo aquello que nos separa: me refiero a la separación interna, no a la física; porque las personas pueden estar muy lejos físicamente y muy cercanas internamente. Cuando hablamos de *sat-saṅga* –o de la cercanía entre el maestro y el discípulo–, estamos hablando de una cercanía espiritual o interna.

Los obstáculos que causan la separación interna son nuestros diferentes conceptos o formas de ver la vida. Solo renunciando a esto, por un momento aunque sea, es posible estar juntos. Al renunciar a nuestras ideas y estar juntos, nace la Verdad.

Esto es de lo que el *Bhagavad-gītā* (4.34) nos habla: para encontrar la Verdad, debemos asociarnos con alguien que es *tattva-darśin*, alguien que ha visto la Verdad. En esta comunión, en este estar juntos, la verdad puede ser percibida, por el hecho de estar juntos. Es decir, no es la información que se entrega en el *sat-saṅga*, no son las palabras que se mencionan. Este no es un encuentro a nivel de profesor-estudiantes; es un encuentro a nivel de discípulos-gurú. Entre profesor-estudiante se produce un encuentro a nivel intelectual, mental, verbal: comunicación. Esto es comunión; es a nivel del alma, del corazón, del espíritu.

Dijimos que hoy íbamos a hablar del deseo. ¿Qué es la fuerza del deseo que mueve al hombre y empuja a la humanidad? Prácticamente es una fuerza que nos arrastra –tanto individual como colectivamente– hasta tal punto que la cualidad de nuestra vida será un resultado de la clase de deseos que tengamos. ¡Tal importancia tiene el deseo!

¿Qué es el deseo? ¿Dónde se origina? ¿De dónde procede? Todas las religiones –pasando por el budismo, el islam, el judaísmo o el cristianismo–, de una u otra manera, nos informan acerca del sufrimiento que conlleva el deseo y de los problemas a los cuales este nos conduce.

Pero es importante comprender su origen, ya que la resolución a todo problema proviene de nuestra consciencia de este, no de una medicina, método o supuesta solución; por ello, reprimirlo o escapar de él no va a solucionar nada. Es decir, el buscador de la Verdad no es un «solucionista».

En el ámbito espiritual y religioso, nos podemos encontrar en todas partes con «los buscadores de soluciones», los cuales dan nacimiento, evidentemente, a «los dadores de soluciones» o salvadores. Hay gente que siempre está buscando cómo escapar de la miseria, el dolor o la pena, y va detrás del mantra, el método o el gurú que les dé la solución.

Sin embargo, en el proceso retroprogresivo, para el sincero buscador de Dios que desea conocer la Verdad, a Dios, el amor, el odio o el miedo, que desea ver y ser lo que en el hinduismo denominamos *ṛṣi* o 'veedor', no será de gran ayuda controlar, reprimir, escapar. Evidentemente, cuando estoy tratando de escapar de algo, no puedo verlo ni analizarlo. Así pues, lo importante es que tratemos de ver qué es el deseo y dónde se origina.

Últimamente hemos hablado acerca de este concepto tan interesante de la Programación Neurolingüística –que superficialmente se ve tan simple y, sin embargo, es bastante útil– de «el mapa no es el territorio». La realidad se compara con el territorio de un país o una ciudad, y el mapa con la versión que poseemos acerca de la realidad. Es decir, a través de los sentidos –el olfato, la vista, el tacto, etc.–, adquirimos información, y con dicha información, elaboramos un mapa interno, y luego vemos la realidad de acuerdo con este mapa.

No obstante, el territorio no es el mapa, igual que la realidad no es la versión que hemos desarrollado de esta. Los mapas están compuestos por símbolos: los caminos son rayitas y las ciudades son puntitos, pero estos no son las ciudades o el camino en sí. Igualmente, en nuestro mapa interno, en nuestra versión interna de la realidad, tenemos símbolos: ideas, palabras, figuras, formas, conceptos, etc.; por ejemplo, el dinero, la bandera, el auto... Cada uno de estos símbolos –que son producto del pasado, de la memoria– son cosas que percibimos en algún lugar; esas percepciones, que conllevaron interpretaciones, fueron almacenadas como símbolos: veo el dinero de acuerdo con mi familia, mi ciudad, mi pasado, mis experiencias. El dinero es un símbolo que me produce una determinada sensación. Cada símbolo –el auto, la casa, la pareja– a mí me produce una sensación en especial; otro puede tener el mismo símbolo, y producirle algo diferente.

Si esa sensación no es placentera, da nacimiento a lo que denominamos «miedo» o «rechazo», que empuja a escapar de este símbolo. Pero si la interpretación de ese símbolo me produce una sensación placentera, me esforzaré por lograrla, y entonces se produce la cadena que llamamos en yoga *jñāna*, *icchā*, *kriyā*: el conocimiento es la fuerza que me impele, de donde se produce el deseo, y el deseo me empuja a la acción.

Esa acción –que no es una acción libre– proviene del pasado y nace del deseo, pero no se encamina a obtener el objeto en sí, sino que va tras una sensación: el dinero me produce una sensación placentera de poder, y entonces actúo para obtener dinero y así poder experimentar esa sensación de poder.

Sin embargo, todos sabemos que los deseos nunca son satisfechos, porque, al llegar a la culminación del deseo, ¡hay más deseos! Y cuando satisfacemos esos deseos, ¡más deseos! De este modo, nunca nos podemos sentir satisfechos.

Entramos en esta rutina de satisfacer sensaciones que nos da un símbolo, y este hábito se va reforzando en la medida en que lo continuamos satisfaciendo, pero nunca nos sentimos saciados.

La razón es muy simple: las sensaciones no son algo sustancial; son efímeras y provienen de una interpretación –no menos efímera– de un símbolo mental –no menos efímero–. En el fondo, es todo un mundo de burbujas, de ilusiones, fantasías y sueños; no hay nada sustancial allí.

Por lo tanto, aunque yo me convierta en una máquina automática de satisfacer sensaciones, nunca me siento satisfecho porque no tengo «poder», sino que tengo una «sensación de poder»; no tengo «atención», sino una «sensación de atención».

Por ejemplo, si tengo un símbolo de ser pianista o guitarrista, y me imagino a mucha gente prestándome atención y yo sintiéndome amado, entonces, esa sensación de ser amado hace que me esfuerce mucho por ser un gran artista; luego llego a esa sensación de ser amado, pero es solo una sensación, no es realmente ser amado; y así, las sensaciones de felicidad no son la felicidad; una sensación de paz no es paz.

Por otro lado, nunca puedo sentirme satisfecho cumpliendo con estas sensaciones y deseos, porque el deseo es pasado, proviene de un pasado, se mueve desde un pasado y satisface algo en el pasado; no está relacionado con el presente. Por eso, el deseo es tiempo: proviene desde un pasado y se proyecta hacia un futuro. El símbolo está en la memoria y la sensación que produce es proyectada hacia un futuro: ¿cómo me vería con este símbolo –con el auto, el dinero, la familia, la medalla, el título, lo que sea–?

Entonces, voy corriendo tras este «¿cómo sería?», y nada que no se encuentre en el ahora puede satisfacerme: ninguna comida que comí hace un año o que voy a comer el próximo año puede satisfacer mi hambre ahora. Un vaso de agua que bebí hace dos meses o que me prometen dentro de medio año no podrá satisfacer la sed que siento en este momento.

El deseo es un mecanismo que está completamente relacionado con el pasado y con el futuro, nunca con el presente; no tiene relación alguna con este momento. El deseo nos arrastra a renunciar al presente por un futuro; nos empuja a abandonar e ignorar el ahora –la realidad, la vida, la existencia– para enfrascarnos en el mañana. En el deseo, renunciamos por completo a «lo que es» –a lo que soy, a lo que tengo– por lo que podría ser, por lo que obtendré. Es cambiar la realidad por un sueño, por una fantasía.

Pero, un día, aparece un deseo muy extraño: un deseo de paz, de libertad, de realidad, de volar más allá de lo que somos; es un deseo que muchos denominan «el llamado de Dios». Un día se despierta el deseo que es diferente a todos los demás y que comprende dentro de sí todo deseo. La diferencia es que sabemos que este deseo no se puede satisfacer tratando de satisfacerlo. No puede colmarse mañana o en un futuro, y por ello no hay necesidad de una acción que esté impulsada por una sensación.

Es deseo de amor, no de una «sensación de amor»; no es un deseo de realizar «una sensación de libertad», sino de **ser** libertad; no es un deseo de tratar de satisfacer la sensación que nos brinda el escuchar la palabra *verdad*, sino que es un deseo por la Verdad misma, por el origen o la fuente de todos los símbolos.

Entonces, muchos caen en el error de transformar estas cosas –Dios, Verdad, libertad, la nada, el Todo– en símbolos que nuevamente dan sensaciones. Empiezan a hacer prácticas para obtener esa sensación y, finalmente, caen en el mismo mecanismo del cual hablábamos anteriormente, porque parten del concepto de que deseo libertad y debo practicar *sādhana* –meditación, *japa* o leer libros– para ser libre. Pero el movimiento es diferente: ¡eres libre por naturaleza! Tu esencia es la libertad misma. *Sādhana* o 'práctica', sí, pero solo para cuidarte de no olvidarlo. ¡Nada más!

El deseo debe ser **no hacer**. Este deseo por Dios debe dejarse reposar en su origen. Debemos utilizarlo como un instrumento, como un vehículo que nos conduce hacia el origen de este deseo. Porque no es que tú deseas la Verdad, sino que el deseo de iluminación es la Verdad deseándote a ti. Debes atentamente descansar en este deseo, permitirle volver; mira y observa a dónde te conduce este deseo, a dónde te lleva; verás que te conduce a ti, de vuelta a tu hogar, de vuelta al lugar del cual nunca saliste, que nunca abandonaste.

Salta a la dimensión real

20 de febrero de 2010

Yo llamé a mi libro *Yoga... Unión con la realidad* porque el ser humano vive completamente desconectado de la realidad: se nos educa, crecemos y nos desarrollamos en la dimensión mental de las ideas. Nuestro mundo es un mundo de pensamientos, de conclusiones, de conceptos. Por eso se dice que, al ocurrir la revelación denominada «iluminación», el mundo desaparece: pero es este mundo de las ideas el que se evapora, de modo que dejamos de movernos en un mundo de conclusiones y conceptos.

Si prestamos atención, veremos que el hombre de éxito en la sociedad es aquel que satisface sus expectativas; y ¿qué son las expectativas sino las ideas, los pensamientos o la imaginación? Todo se desarrolla en el mundo de la mente. Por ejemplo, se dice: «encontró a la mujer de sus sueños» o «encontró a su príncipe azul».

Sin darnos cuenta, vivimos en nuestras nostalgias, reminiscencias o recuerdos, reaccionando desde ese pasado, con expectativas y esperanzas hacia un futuro. Todo esto son ideas que existen únicamente en nuestra mente y que no están relacionadas con la realidad. Tus expectativas no tienen ninguna relación con la dimensión real y existencial de los hechos, que ocurre solamente en el presente, ahora.

No operamos con lo real, sino con un mapa confeccionado acerca de la realidad, que demarca un territorio; pero ese territorio no es el mapa. Ese mapa está confeccionado de ideas, de información, de pensamientos, de conclusiones, y todo eso lo hemos adquirido a través de nuestros sentidos. Nosotros operamos con el mapa, hasta tal punto que para cada uno de nosotros su propio plano es el territorio mismo: lo confundimos con la realidad.

Yoga es 'unión con la realidad' en el sentido de que su sistema, sus palabras, todo lo que se encuentra en las escrituras reveladas –así como las palabras que estamos diciendo ahora– no tiene por objeto incorporar a las personas nueva información, nuevas ideas, un nuevo concepto, una nueva doctrina o filosofía; el propósito de nuestro debate, y el de la religión misma, es despertarnos a la dimensión de los hechos y de la realidad.

En la dimensión de las ideas, sabemos que el fuego quema; en la dimensión de la realidad, metemos el dedo al fuego y nos quemamos. En la dimensión de las ideas hablamos de miedo, amor, enojo, rabia, celos; veamos qué tan real es todo esto en la dimensión de los hechos. En el mundo de las ideas hablamos de recuerdos, patrones de conducta, reacciones, esperanzas, expectativas; ¿qué tan real es todo esto en la dimensión de la realidad?

No comprendemos que la transición de la vida material a la vida espiritual implica exactamente eso: dejar de moverme en un mundo de ideas, conceptos, expectativas, recuerdos y conclusiones, para moverme en un mundo de hechos, no de lo que fue o de lo que debería ser, no de lo que debería haber sido o será, sino en el mundo de «lo que es». Y por eso mi definición de meditación es: «observar lo que es, tal como es».

Si desean captar a lo que me estoy refiriendo, no va a ser suficiente con que se queden en la superficie de las ideas que digo, sino que va a ser necesario que profundicen en ellas; porque el mundo de los hechos y la realidad se encuentra en lo profundo.

Con «el mundo de las ideas» me refiero a la superficie. Usamos términos que no sabemos bien qué simbolizan realmente, porque las palabras son símbolos, y en muchas oportunidades nos quedamos en el mundo de los símbolos, sin realmente analizarlos con profundidad.

Mucha gente cree en Dios y otros no creen en Dios, pero pocos han profundizado acerca de qué es Dios. Muchos son religiosos y muchos irreligiosos, pero ¿realmente han percibido en lo profundo de sí lo que es ser religioso? ¿Qué es religión? Muchos creen tener la Verdad, pero pocos se han tomado el tiempo para profundizar en qué es la Verdad.

Así, esto es muy importante, especialmente cuando pretendemos meditar. *Dhyāna* o 'meditación' es un salto del mundo de lo que debería ser o lo que queremos que sea a «lo que es». En el momento en que meditamos, estamos tratando de observar «lo que es», y entonces va a ser muy importante renunciar a todo aquello que esperamos obtener a través de la meditación; ello será esencial, porque mientras exista una expectativa, nos mantendrá encadenados al mundo del pensamiento.

Kṛṣṇa dice en el *Bhagavad-gītā*, capítulo 18, verso 66:

sarva-dharmān parityajya
mām ekaṁ śaraṇaṁ vraja
ahaṁ tvāṁ sarva-pāpebhyo
mokṣayiṣyāmi mā śucaḥ

Abandona toda clase de dharma, abandona toda acción, abandona todo deber y entrégate a mí; yo te protegeré, no tengas miedo.... ¿A qué debemos renunciar? ¿Qué debemos abandonar? Debemos abandonar lo que en hinduismo llamamos *māyā*, la 'ilusión'. Abandonar el mundo material para transportarnos y rendirnos al espiritual. Pero ¿qué significado tiene esto?

Debemos renunciar a nuestro mundo mental, hecho de burbujas. Renunciar a nuestro pasado, a ese pasado que proyectamos como una imaginación en un futuro, a nuestras expectativas.

Renunciar a ese mundo mental para rendirnos, para entregarnos a la realidad, Kṛṣṇa, a «lo que es». Renunciar a todo lo que pensamos que deberíamos ser porque ello no son solo **nuestras** expectativas o **nuestras** esperanzas. Si ves con profundidad, te darás cuenta de que quizás tú deseas satisfacer las expectativas de tu mamá o de tu papá, las cuales están interconectadas con las expectativas de tus abuelos, de tu familia; hay que renunciar a todo eso.

Kṛṣṇa dice en relación con ello: «No temas». ¿Por qué temer a este renunciar al mundo de ideas? ¿Cuál es el temor? ¿Miedo a qué? Tengo miedo porque ese mundo de ideas es lo que soy, o por lo menos es lo que se me ha convencido que soy: un nombre, una persona, alguien.

Renunciar a esta dimensión mental significa renunciar a ti mismo, significa morir, desaparecer, evaporarse. Y Kṛṣṇa dice: «No temas, estás protegido».

No estás protegido en el sentido de que nada te va a pasar, sino que no hay alguien a quien le pase algo, pues ese alguien es, en realidad, una idea. Renuncia a ti mismo como un sueño y entrégate a lo que realmente eres como un hecho, como una realidad.

Meditar es justamente operar con «lo que es»... contigo aquí y ahora. Esa es la renuncia, ese es el salto. Situarte, estar presente, como lo que eres, aquí y ahora.

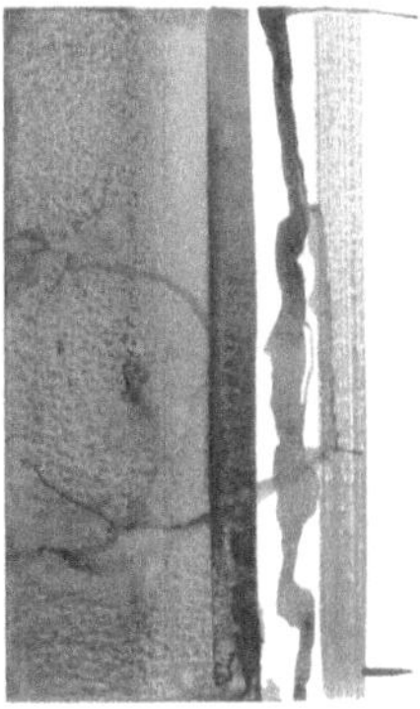

El deseo nos oculta la realidad

18 de abril de 2010

En este *sat-saṅga*, podríamos analizar un poquito más qué es el deseo... que mueve a la humanidad, que nos arrastra, que nos empuja. Prácticamente todo lo que el hombre hace está motivado por el deseo. ¿De dónde procede el deseo? ¿Dónde nace? ¿Cuál es su raíz? Pero no solo pensemos acerca de ello, tratemos de verlo también en cada uno de nosotros.

Esto está relacionado con lo que hablábamos anteriormente acerca de adquirir conocimiento y tener respuestas, porque la manera de aprender y acumular conocimiento es creando imágenes, de todo y de todos. La información que obtengo, lo que escucho, lo que veo, lo guardo como imágenes, porque es una manera de definirlo. Yo defino incluso a personas: mis amigos, mi madre, mi padre, mi hermano, mi hermana, mis tíos, mis vecinos, mi esposa, mi marido; tengo una imagen de la persona, que podríamos llamar «símbolo». Y entonces, desde ese momento, estoy entablando una relación con un símbolo, y así me relaciono con la realidad.

Mi país, mi trabajo, mi partido político o mi auto son imágenes; y, principalmente, tengo una imagen de mí mismo. Así, lo que llamamos «conocimiento» es una inmensa cantidad de imágenes o símbolos. Cuando alguien me dice: «Estados Unidos», esto es para mí un símbolo; cuando escucho: «un judío, un árabe, un negro, un chino», registro estas palabras como diferentes imágenes.

Luego viene la manera en la cual yo percibo esta imagen o símbolo. Cada cual interpreta estas imágenes de acuerdo con su vida y les da su propio significado. Lo que significa el dinero, un auto, un Cadillac, un Rolls-Royce, un reloj de oro, una pareja, etc., es diferente para cada cual. Primero tenemos la percepción de dicha imagen, luego la interpretación y, por último, la sensación o el sentimiento que dicha interpretación nos da: para una persona, el dinero puede significar poder, para otra, seguridad; para una persona, una pareja puede ser un símbolo de sentirse amado, o tener una cierta posición en la sociedad, para otra, de atención, de no estar solo, etc.

Si esa sensación no es placentera, nace lo que llamamos «el miedo», «el rechazo»: no la deseamos y escapamos de ella; en cambio, si la sensación es placentera, la perseguimos, deseamos lograrla, realizarla, llevarla a cabo, percibirla, y ahí nace el deseo: el deseo de querer experimentar dicha sensación. Entonces viene la acción: el esfuerzo por obtener dinero, poder, fama, por ser un gran político, un gran líder. Pero toda acción no es por la cosa en sí, sino por esa sensación que lleva guardada dentro.

Si la imagen del escritor, del gran músico, del gran artista, me produce una sensación de atención, de ser amado, y esa sensación me es placentera, entonces empiezo a escribir libros, a tocar música, a pintar, a danzar –o lo que sea; puedo también querer ser un político o un gran hombre de negocios–. Busco estar frente al público y que todos me miren, y yo percibir esa sensación de ser amado.

Sin embargo, aunque muchos pueden creer que yo amo la música, el arte, la pintura, la escritura o la literatura, en realidad, lo que estoy haciendo no tiene ninguna relación con eso; está relacionado con una sensación y una necesidad de atención y de amor, de calor humano. Pero, como toda sensación está relacionada con el tiempo y el espacio, también pasa rápido. La gente se va a sus casas y yo me quedo solo y deseo repetirla. Entonces... ¡otro show, otra canción, otra presentación, otro libro!, para volver a sentir esa sensación de la gente aplaudiéndome. Podemos analizar un sinfín de situaciones diferentes, pero el principio es el mismo: una sensación que deseo repetir, repetir y repetir...

Como ocurre con toda repetición, entro en la rutina y empiezo a aburrirme interiormente. Entonces, ¿qué? ¡Hay que cambiar! Y cambiamos la imagen, el símbolo, y otra vez; pero al reforzar este hábito de alcanzar sensaciones, me estoy mecanizando, me estoy convirtiendo en una máquina que repite sensaciones o que busca símbolos que pertenecen a un pasado.

En cierta forma, voy sintiendo que, cada vez que logro estas sensaciones, estoy con las manos vacías. Y en la medida en que más me esfuerzo por satisfacer mis deseos, me encuentro solo con más deseos, pero nunca realmente satisfecho. Porque por mucho que sienta la sensación de poder o seguridad con el dinero, o la sensación de ser amado por el hecho de que yo cante bonito o hable de manera inteligente, estas son solo sensaciones.

La sensación de poder no es poder; la sensación de seguridad no es seguridad; la sensación de ser amado no es ser amado realmente. No son más que proyecciones de símbolos, de imágenes en la memoria captadas en un pasado; son la proyección de un pasado y no tienen nada que ver con la realidad de lo que está ocurriendo en este momento.

Los deseos son pasado; son una memoria proyectándose en un futuro, arrancándonos de la realidad del presente. En otras palabras, todo deseo se origina en un pasado; es lo conocido proyectándose como imaginación en un mañana, lo cual nos empuja y nos arranca de la realidad del presente.

El deseo es «lo que podría ser», no «lo que es»; es «lo que me gustaría que fuera», no «lo que es». Pero «lo que me gustaría que fuera» es acorde con una información, conocimiento, símbolo o idea que capté en un pasado. Lo percibí de acuerdo con mi pasado; me dio una sensación y esta se grabó en mí y se proyecta en un futuro: eso es imaginación.

Todo deseo vive en la mente; la mente es tiempo y el tiempo es mente. Me refiero, evidentemente, al tiempo interno, no al tiempo del calendario o del reloj, sino al tiempo-pensamiento. El pensamiento es el pasado respondiendo al presente; el pensamiento es «lo que fue» o «lo que será», «lo que podría ser», «lo que desearía ser», «lo que se espera que sea»... ¡nunca «lo que es»!

Siempre se nos ha dicho –en todo sendero espiritual y religión– que el deseo es una fuente de dolor, sufrimiento y miseria. Ello es así porque cada vez que deseo estoy renunciando al presente por un futuro, al ahora por un mañana, a «lo que es» por «lo que me gustaría que fuera». Estoy renunciando a la realidad por un sueño, una fantasía, una ilusión.

En realidad, si estás sediento, es preferible aceptar un vaso de agua en el presente y no un jugo de damascos el año que viene, o hace dos años: solo un vaso de agua, ¡pero ahora! Si tengo hambre, preciso un simple plato de sopa con un pedazo de pan, ¡ahora!, y no me servirá una gran cena dos o tres años atrás, o un gran almuerzo con veinte platos dentro de tres años: es preferible una sopa o un pedacito de pan ahora porque con el presente y la realidad puedes hacer algo, no así con «lo que será» o «lo que fue». Asimismo, al desear estás desviando la atención de «lo que es» a «lo que quieres que sea», y de aquí proviene mucha de la ignorancia que poseemos acerca de nosotros mismos.

Vamos por la vida con una tremenda ignorancia sobre nosotros mismos: nadie sabe qué es, pero todos saben lo que quieren ser. Es muy interesante: con quienquiera que hables y le preguntes qué desea ser, sabrá explicarte que desea ser así, ser esto o lo otro; pero qué es ahora, nadie sabe. Estamos más interesados en vivir en el mundo de lo teorético; pocos viven en el mundo de los hechos. Iluminación es vivir en el mundo real; *māyā* o 'ilusión' es vivir en un mundo hipotético, en el mundo de la teoría.

Una persona de deseos es alguien que vive donde le gustaría vivir, no donde vive. No está presente donde está, sino donde le gustaría estar. Y no estar donde estás, ni ser lo que eres, es perderte la vida, perderte la realidad. Te falta la vitalidad de estar en la realidad; es una desconexión de la vida, de la realidad, de la existencia, del universo, de todo lo que es vital.

Sufres con los deseos: vas caminando y tus sentidos se asocian con algo –ya sea un millón de dólares, una joya, un auto moderno, una pareja, un hombre o una mujer muy atractivos–, y lo deseas. Sufres porque no lo tienes; sientes ese apetito que es el deseo; luego te esfuerzas por obtenerlo, y eso también implica sufrimiento. Para obtener un millón de dólares, para tener ese auto o esa pareja, hay que trabajar, hacer y esforzarse, sacrificarse; y si lo obtienes, podrías pensar: «¡ahora estaré tranquilo!». ¡No! Tienes el millón de dólares, pero ahora tienes que abrir los diarios y ver si la bolsa en Wall Street subió o bajó, si el dólar sube o baja, ¡el peso sube!, ¡el yen cambia!

Asimismo, aunque lograste casarte con Miss Universe, ¡puedes perderla! Y los celos son sufrimiento; si tienes una esposa muy bonita, tienes miedo a perderla; o si tu marido es muy bello, tienes miedo a que te lo quiten;

si tienes una joya, no puedes salir tarde a la calle, te la pueden robar... ¡Sufrimiento!

Finalmente, en una vida tan pasajera y temporal como esta, donde todo cambia a cada momento, aunque tu esposa sea Miss Universe o tu marido sea el más apuesto, el tiempo pasa, y algún día te encontrarás que la Miss Universe o el actor de cine maravilloso se fueron y lo que tienes ahí es un viejo o una vieja durmiendo a tu lado, y lo perdiste. ¡Todo pasa! El dinero se termina, los autos cambian, y no hay nada que permanezca.

En una realidad totalmente temporal y cambiante, todo se pierde. Aquello a lo que me apego, lo pierdo, y entonces sufro: sufro cuando no lo tengo porque lo deseo, sufro cuando lo tengo porque temo perderlo, y si lo pierdo, ¡también sufro! El deseo es una fuente de sufrimiento, no los objetos en sí, sino el deseo de ellos.

¿Qué hacer? Hay quienes dicen: «Ok... entonces no deseo, ahora seré religioso, espiritual, entonces no desearé». Pero no desear es un deseo, porque ahora yo deseo «no desear deseos». ¿Y qué hago? Entonces, tengo que desear «dejar de no desear desear deseos». ¿Se dan cuenta? No hay forma de salir de eso.

Un día, aparece un deseo que no es un deseo de algo en especial, sino que es un deseo de libertad, no de sensación de libertad: es un deseo de Verdad; no es un deseo de una sensación de amor, sino deseo de **amor**; no es el deseo de ser algo o ser alguien que me dé cierta sensación, sino un tremendo deseo de **ser**, ¡simplemente ser! Ser lo que soy; es el deseo de iluminación.

Es un deseo muy diferente porque es el único que no se alcanza haciendo algo, o esforzándose de alguna manera para obtenerlo; muy al contrario, si sigo el proceso mecánico anterior de los deseos, solo me alejo y me desconecto de su realización.

Con este deseo no debes actuar proyectando alguna imagen en un futuro: una sensación de cómo sería o cómo te verías. Hay quienes lo hacen: al sentir este deseo cometen el gravísimo error de crear una imagen acerca de la Verdad, de la iluminación y de Dios; desarrollan una sensación hacia esa imagen, la proyectan luego en el futuro y corren tras esa sensación que les brinda la Verdad, Dios, la iluminación; y eso simplemente los desconecta más y más, y se sienten frustrados.

Este deseo no aspira a una experiencia en un futuro; no debes tratar de experimentar este deseo mañana; este deseo es para descansar en él ¡ahora!, ¡en el presente! En el presente desaparece todo otro deseo: cuando estás en el ahora, ¡no deseas! Pero no en una sensación del símbolo ahora, sino en el presente, en este momento. Y ahí, descansa en tu deseo, y déjalo que te lleve hacia el origen desde donde procede: hacia esa fuente desde donde nace. Y verás que este deseo de iluminación es una mano extendida de Dios, para llevarte a su seno.

Más que un deseo de la Verdad, es la Verdad deseándote a ti.

Más que el deseo de la libertad, es la libertad deseándote a ti.

Es un deseo divino; es Dios llamándote.

¡Entrégate a este deseo!

¡Déjalo inflamarse! ¡Déjalo convertirse en pasión! Pasión por la libertad, por el amor, por la Verdad...

¡Déjalo llevarte hasta su origen!

¡Confía en él! Él sabe adónde llegar.

Meditación: el sendero hacia la libertad

20 de febrero de 2010

Una de las preguntas más importantes para todo ser religioso, buscador o soñador de la libertad –para todo aquel que vive con ansias de libertad– es si la libertad es posible. Y ¿qué significa esa libertad?, ¿en qué consiste?

Hay quienes piensan, al escuchar la palabra *libertad*, que se está hablando de política. Pero la libertad del comunismo o del imperialismo, de los chinos o los árabes o los judíos, de mi marido o de mi esposa… no es la verdadera porque en esa clase de libertad todavía estamos completamente concentrados en el prójimo, en el otro... Es una libertad externa y superficial: podríamos llamarla libertad material.

Requiere mucha introspección comprender que no es posible cambiar lo que ocurre, sino que lo importante es cambiar la forma de ver aquello que nos ocurre, o, como se suele decir, no tratar de cambiar lo que pasa sino nuestra actitud hacia lo que pasa.

Así pues, cuando hablamos de la **verdadera** libertad, estamos hablando de ser libres de nosotros mismos. ¿Es posible liberarnos de nuestros patrones de conducta, de esta mente que es lo que somos o, por lo menos, lo que creemos ser?

La mente está compuesta de dolores, miseria, miedos, ambiciones, complejos, deseos. Todo lo que la forma se ha adherido de otras personas; y todo eso es lo que yo creo ser... o, de hecho, **lo que soy**, porque de acuerdo con cómo vemos nuestra vida ahora, eso es **lo que somos**. Y la gran pregunta es: ¿es posible trascender todo este contenido o liberarnos de él?

Ese es nuestro mundo, en el cual nos movemos y vivimos. Nuestro mundo está entre nuestras orejas: es la mente. Eso es lo que somos y esa es nuestra realidad: la realidad de nuestros complejos, de nuestras maneras de reaccionar, de nuestras actitudes, miedos y temores. Ese es nuestro mundo y eso es lo que somos. ¿Es posible liberarnos de eso?

¿Por qué liberarnos? Porque todo lo que es mente, resulta limitado: proviene de la materia, de otros, de la dimensión de las formas... Es información que recibimos de nuestros padres, hermanos, amigos, vecinos, compañeros de escuela, de trabajo, del ejército, etc.; desde mi nombre hasta el periódico que me gusta leer y mi manera de reaccionar cuando alguien me trata con simpatía o con desprecio, todo proviene de la dimensión de las formas, y la dimensión de las formas es limitada; por lo tanto, todo lo que soy es necesariamente limitado.

Siendo esto, soy un ser limitado y, por lo tanto, el deseo de libertad es una gracia. Si soy capaz de liberarme, quedaría libre de la materia; si puedo liberarme o no es una pregunta sumamente importante.

Es aquí donde se entiende que nada de lo que yo haga como mente, como este contenido, puede conducirme más allá de la mente. Esto es muy importante. Nada de lo que yo haga como yo-idea, como yo-ego, como yo-concepto puede ayudarme a trascender lo que yo soy. Nada de lo que el ego haga puede conducirlo más allá del ego. Y, al no haber nada que podamos hacer, solo nos queda, por decirlo así, sentarnos a observar.

He aquí lo que en *sanātana-dharma*, en el hinduismo, denominamos *dhyāna* o 'meditación'. La meditación puede venir solo después de haber experimentado que no hay nada que puedas hacer, que todo esfuerzo será infructuoso, porque toda acción proviene de una idea, detrás de la cual se esconde un pensamiento, y todo pensamiento o idea proviene de este contenido limitado; por lo tanto, el yo –el yo limitado, el yo-idea– no puede llevarse a sí mismo más allá de sí mismo. Es imposible levantarme agarrándome a mí mismo. Entonces, no queda más que mirar... observar... y no hacer nada... Y aquí llegamos a *dhyāna* o 'meditación'.

Pero ¿qué es meditación? Es observar sin hacer nada a ningún nivel. A nivel físico, la acción es solamente la expresión de un pensamiento, un deseo, una idea, entonces, no debemos hacer nada a nivel mental: *yogaś citta-vṛtti-nirodhaḥ*. Meditación es no hacer nada a nivel mental, sin movimiento de *vṛttis*, solo observar.

En este observar, observamos formas y movimientos. Esto es lo que experimentamos a través del *karma-yoga*: la observación de la acción. En *haṭha-yoga*, mientras practicamos las posturas yóguicas o *āsanas*, observamos cada esfuerzo, cada músculo, cada tendón. En *prāṇāyāma*, observamos nuestra respiración: al inhalar, cómo el aire pasa a través de nuestras fosas nasales, y al exhalar, cómo sale.

En este proceso de observación, vamos interiorizándonos lentamente. Al irnos interiorizando, vamos dándonos cuenta de que lo que pensábamos que era interno, se transforma en externo. Lo más cercano, mi cuerpo, se hace lejano, se hace «algo», porque al observar mi cuerpo, creo una distancia entre el yo y el cuerpo. Es la manera de desidentificarnos. El cuerpo deja de ser **yo** para ser un cuerpo. De la misma manera, nos vamos interiorizando en la medida en que observamos nuestros pensamientos, y luego nuestras emociones, nuestros sentimientos... Eso es meditación.

Meditación es una observación de lo que es tal como es, sin influir, sin una intervención de la mente. La mente deja de ser «el meditador» para ser «lo meditado», «lo observado».

Ese es el gran desafío para muchos buscadores espirituales: ¿cómo desidentificarme del ego para descubrir lo que realmente soy? ¿Cómo liberarme del ego? No puedes luchar contra la creencia que tienes acerca de ti mismo y rechazar el ego o rechazarte como ego. No puedes empujarte, patearte o golpearte. Pero si observas tus reacciones, tus conclusiones, el movimiento de los pensamientos, de las ideas o tus patrones de conducta, en determinado momento verás un fenómeno muy interesante: todo aquello que logras observar se sutiliza, pierde su solidez. Cada idea, cada concepto, cada conclusión que observas, cada pensamiento, pierde su sustancialidad: se evapora, desaparece... Y, simultáneamente, lo sutil se fortalece: el alma, el espíritu, la consciencia y la observación se solidifican, hasta que llegas al último nivel antes del *nirvikalpa-samādhi*: la observación del observador, la observación del meditador, la observación de ti mismo...

Lo que ocurrirá entonces será la más maravillosa revelación: tú te evaporas, te sutilizas, pierdes tu solidez. Se evapora el yo, lo que era lo más sólido en tu vida –yo quiero, yo no quiero... me gusta, no me gusta... a mí... lo mío–; el yo es aquello que tememos perder más que nada en el mundo, aquello en que nos sentimos amenazados incluso si algo o alguien lo disminuye de alguna manera. Y en el momento de su desaparición, la consciencia se revela en todo su esplendor.

Una pregunta me persiguió mucho tiempo: ¿cómo es que las ideas y las conclusiones desaparecen? ¿Por qué los conceptos, los pensamientos y el yo, al ser observados, se disuelven? ¿Por qué pierden su solidez? ¿A dónde van? ¿Por qué se fortalece la observación? ¿Por qué la observación, que era lo más sutil y lo más difícil de percibir, se solidifica, se hace substancial, llegando a su máxima expresión cuando se disuelve el meditador?

¿Dónde va todo eso?

¿Sabes por qué tiene lugar esta disolución? Observando se produce esta experiencia: te das cuenta de que tú no eres los pensamientos, las ideas, las conclusiones; tú no eres ese pensamiento, esa idea «yo» que crees ser, sino que, al contrario, los pensamientos y las ideas son tú. Tú no eres las conclusiones y los conceptos, sino que estos son tú. Provienen de ti, son parte tuya, son tú.

Al igual que la ola no es el océano –pues es limitada, tiene un principio y un fin, es temporal–, pero sí es océano –pues está hecha de agua–, del mismo modo, tú no eres las ideas y los pensamientos, los conceptos y las conclusiones, el yo..., pero estos sí son tú, ya que, al verlos, al observar, se revelan como consciencia.

Cada pensamiento o idea que observas se evapora como algo separado, desconectado, pero a su vez se revela como consciencia. Entonces, la consciencia va adquiriendo solidez y creciendo: el océano se hace perceptible hasta que al final no ves olas, ni burbujas, ni espuma, sino que ves el océano infinito de consciencia: *tat tvam asi*… Ese océano infinito de consciencia que eres tú... lo que realmente eres.

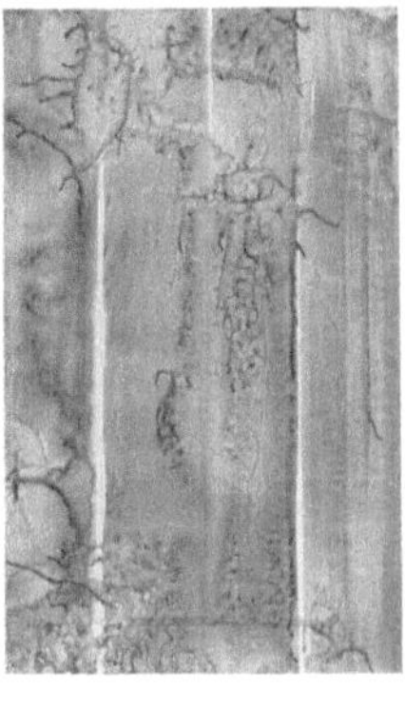

Observando el conflicto interno

5 de marzo de 2010

Comenzaremos explicando algo acerca de estos encuentros. Llamémosles «encuentros» porque no los podemos llamar exactamente «clases» o «conferencias». El encuentro entre un maestro y los discípulos no puede ser comparado con el encuentro entre un profesor y sus alumnos, porque ambas relaciones son completamente diferentes.

En lo que a ustedes atañe, que sean estudiantes o discípulos es cuestión de actitud. La actitud del estudiante es sumamente pasiva; aunque formule preguntas, simplemente espera que una entidad externa –ya sea un libro o un profesor– le proporcione el conocimiento.

La relación con el maestro espiritual es completamente diferente. Escuchamos del *Bhagavad-gītā* (4.34):

tad viddhi praṇipātena
paripraśnena sevayā

upadekṣyanti te jñānaṁ
jñāninas tattva-darśinaḥ

Aquí se dice que el maestro es *tattva-darśin*, es un 'veedor de la Verdad' o 'ha visto la Verdad'.

La relación del gurú con el discípulo consiste en **mostrar o señalar** algo. El maestro es un dedo señalando una determinada dirección. Entonces, es muy importante que el discípulo tenga una actitud activa; que esté siempre **con** el maestro, como con un guía que te ayuda a llegar a determinado lugar para mostrarte aquello que deseas ver, y tú debes ir con el guía, estar con él constantemente.

¿Qué te puede ayudar a permanecer en esta cercanía con el maestro y estar siempre siguiéndolo? El amor y la devoción son lo que te permite mantener tu atención en el maestro e ir con él, **juntos**. Por eso, al comienzo de nuestro *sat-saṅga* decimos:

oṁ saha nāv avatu
saha nau bhunaktu
saha vīryaṁ karavāvahai
tejasvi nāv adhītam astu
mā vidviṣāvahai

Eso es *sat-saṅga*, es estar **juntos**, y lo que nos une es la Verdad. La dirección que adoptan el estudiante y el profesor es la del conocimiento, mientras que la dirección del gurú y sus discípulos es la de la sabiduría. El maestro y los discípulos se mueven hacia lo profundo, mientras que el profesor y los alumnos se mueven en una dirección lineal: uno, dos, tres, cuatro; si llegas al diez sabes más, si llegas al veinte sabes aún más, cuando llegas al cincuenta sabes mucho, y al cien, muchísimo.

Sin embargo, en la dirección en la cual se mueven el maestro y sus discípulos –en la sabiduría, en lo espiritual, en la religión– es uno, y más uno, y más uno, y conocer mejor el uno, experimentar el uno, tocar el uno, llegar a las raíces mismas del uno, a la esencia del uno, a lo que yace en lo profundo de ese uno.

Para eso debes **seguir** al maestro, porque es una dirección a la cual la mente no está acostumbrada; la mente está acostumbrada a la superficie. Por ello es muy importante que ustedes traten de seguirme, estar conmigo.

El maestro nunca pide que el discípulo esté de acuerdo con él, ni que esté en desacuerdo. Tanto la aceptación de las enseñanzas como la oposición a ellas serán un obstáculo, porque aquí no se trata de estar o no estar de acuerdo, o de aceptar o no aceptar, sino de investigar, de descubrir, de ver si lo que dicen los *śāstras* lo podemos verificar en nosotros mismos.

Hablaremos del yoga: la traducción de la palabra sánscrita *yoga* es 'unión'. Pero podemos profundizar en esta palabra, porque no es solo unión sino que es armonía, y más que eso, es un proceso de integración.

¿Por qué integración? ¿Por qué es necesaria? Porque nuestro sufrimiento proviene de la desintegración; nuestra miseria y nuestro dolor provienen de esta fragmentación que todos llevamos dentro. Entonces, tratar de ir más allá o trascender el sufrimiento y el dolor significa, de cierta forma, integración.

Si observamos, nos percataremos de que toda desintegración o división interna, de alguna manera, conduce al conflicto, el conflicto que vemos manifestado en todas partes: guerras, terror, crimen, luchas sociales. Condenamos los crímenes y la violencia familiar, pero no nos damos cuenta de que nosotros **somos** el mundo y la sociedad, somos parte de ella. Así pues, no hay condenadores y condenados, sino que todos somos parte de este conflicto mundial en la sociedad, porque este no es más que una expresión o manifestación del conflicto interno que cada uno de nosotros –o que el ser humano como algo universal– lleva o **es**. Eso hay que revisarlo, hay que examinarlo.

¿De dónde proviene este conflicto, esta fragmentación? En primer lugar, diremos que proviene del tiempo, y el tiempo es pensamiento, es mente. Por supuesto, no me refiero al tiempo del reloj o el calendario, sino al tiempo en sí.

El tiempo para nosotros es «lo que fue» y «lo que será». El pasado es la nostalgia, los recuerdos, lo conocido. El futuro es nuestras expectativas, nuestras esperanzas, lo que se espera de nosotros, lo que debería ser. Creemos que existen el pasado y el futuro, pero el futuro no es más que mis expectativas, mis esperanzas o mi imaginación, y, ya que no puedo ambicionar o esperar nada que no conozca, ese futuro es una proyección de mi pasado. Es decir, lo que quedaría sería el pasado. Pero tanto el futuro como el pasado son completamente ilusorios, porque «lo que fue»... ¡ya fue!, y «lo que será»... ¡todavía no es!; por tanto, ambos no son realidad. De esta manera podemos ver cómo el tiempo es pensamiento, es mente, es un movimiento mental. Pero «lo que es» no es tiempo. El presente, el ahora no es tiempo, sino que es atemporal.

El hecho de que el tiempo sea un movimiento mental lo vemos cuando nos situamos en el ahora (que dijimos que no es tiempo); si no hay movimiento mental, no hay pensamientos. Al no haber pensamientos, el yo-pensamiento, o yo-idea, desaparece, se esfuma.

El tiempo y el pensamiento nos desintegran porque crean esta división entre «lo que fue» y «lo que se supone que será». Crean el conflicto interno que todos llevamos dentro: entre lo que somos y lo que se supone que deberíamos ser; lo que somos y lo que se espera que seamos; entre las expectativas de nuestra familia o nuestros padres y de la sociedad hacia nosotros, y nuestras propias expectativas. Es una desintegración, una división que conlleva un profundo conflicto.

El yoga justamente apunta a esa desintegración. Y la gran pregunta es: ¿es posible liberarnos de este conflicto?; ¿es posible alejarnos o trascenderlo de alguna manera? Pues la trascendencia de este conflicto conlleva la trascendencia de nosotros mismos, porque **somos** este conflicto. Somos pensamiento... somos tiempo... somos el conflicto... Por tanto, tratar de liberarnos del conflicto es tratar de liberarnos de nosotros mismos.

Trascender o no el conflicto implica ser feliz o no, porque con conflicto no puede haber felicidad. Y por eso se dice que la felicidad es de los inteligentes; es de aquellos que son capaces de conocerse a sí mismos, de conocer la vida, de estudiar la existencia, de saber qué es el mundo.

Porque la desdicha se produce por no comprenderte, por no saber qué es la vida y de ese modo entrar en conflicto con ella.

Debemos observar, ver y estudiar, en nosotros mismos, si podemos o no trascender el conflicto que **soy yo**, que es lo que soy.

Ahora bien, comprender el conflicto es sumamente complicado porque, al estar en conflicto, se nos hace muy difícil comprender algo. El conflicto te vuelve tonto. Digamos que puedo comprender cosas, situaciones o personas, pero las comprendo solo con mi mente, por ejemplo, y digo: «Mira, yo lo entiendo intelectualmente… pero no en mi corazón…».

Es decir, al estar divididos, una parte de nosotros está prestando atención, una parte... pero no el todo. No es una forma total de prestar atención.

Para realmente comprender o experimentar algo en todos los aspectos, debes estar allí con toda tu mente, con todo tu corazón, con todo tu cuerpo, con todo tu ser, como un todo... Pero, al estar dividido, solo tu mente está allí: comprendes algo, pero solo intelectualmente. Entonces, a mayor conflicto, a mayor división o fragmentación, todo se hace muy complicado. Así pues, la pregunta es: «¿podemos ir más allá del conflicto?», «¿podemos trascenderlo?».

La única manera de alejarnos, no solo del conflicto, sino de todo vicio, de toda debilidad, es observar «lo que es» dejando de lado nuestros miedos, ambiciones, ideas, deseos y conflictos. Tiene que ser la observación pura, limpia, sin nuestra intervención, sin intervención de la mente y de nuestros deseos. Solo entonces podemos observar «lo que es» y no «lo que nos parece a nosotros».

Generalmente observamos, pero interpretamos, añadimos nuestra propia opinión de lo observado. Yo estoy hablando de una observación que es meditación. Muchos me dicen: «Sí, ¡pero la observación no cambia nada! Es decir, si yo soy miserable o violento, si hay un conflicto y lo observo, eso no va a cambiar el hecho de que yo sea miserable o agresivo». No comprenden que si yo me relaciono con el conflicto de tal manera que trato de reprimirlo o cambiarlo, estoy simplemente creando más conflictos, porque estoy entrando en un conflicto con lo que observo. Entonces eso, obviamente, no va a ayudar.

La observación nos sitúa ante lo que es, tal como es; nos sitúa junto al actor porque la observación es simplemente cambiar nuestra posición: de ser el agente de la acción pasamos a ser el testigo, o, mejor dicho, a ser «el atestiguar», porque deja de haber alguien. Lo que eres como alguien o algo pasa a ser lo observado. El meditador u observador es observado. Te transformas en el objeto mismo de la meditación.

Entonces, se piensa que nada cambiará, pero eso es debido a que no comprendemos cómo funcionamos nosotros mismos. Debemos entender que solo durante cierto tiempo consideramos que lo que poseemos es bello; por lo general, el primer tiempo que tenemos el coche lo disfrutamos... es nuevo... es bonito. Al principio todo es increíble: desde la ropa hasta la casa –incluso la pareja–. ¿Qué ocurre después? Nos acostumbramos. Nos acostumbramos incluso a actitudes que no nos gustan en nosotros mismos. En un principio, vemos nuestras debilidades, tratamos de superarlas, luchamos, creamos más conflicto, y eso no nos gusta. Por ello, lo que hacemos es simple: nos acostumbramos a ellas y las olvidamos.

La observación es una invitación a aceptar las debilidades, pero no a acostumbrarnos a ellas. No se trata de luchar con nuestras debilidades, sino que se trata más bien de observarlas sin permitir que se transformen en una costumbre; dejar que permanezcan allí e intentar comprenderlas.

La observación o la meditación poseen esta magia que hace que todo lo que nos parece sólido se sutilice, se evapore, desaparezca. Es como un ácido. Ideas, conceptos, miedos, conclusiones o conflictos desaparecen con la observación. Y simultáneamente, lo sutil se solidifica; el alma, el espíritu, el amor, el Ser, se hacen sólidos. Porque la meditación es esa magia transformadora que transmuta las olas en océano, que nos hace ver que la ola, la espuma y las burbujas, al fin y al cabo, son agua; que los conflictos y las ideas y las conclusiones y los pensamientos, al fin y al cabo, son consciencia. De este modo, se evaporan las diferencias, la diversidad y la multiplicidad, para conducirnos a despertar en el océano de consciencia, y así la consciencia se solidifica.

La autoinvestigación

30 de octubre de 2011

¿Por qué resulta tan difícil comprender qué es el miedo, la libertad, la iluminación, el amor, etc.? Para comprender todo esto hay que ver la manera como nosotros lo analizamos en la vida. ¿Qué método utilizamos si deseamos saber qué es el amor o qué es el miedo? Si analizamos claramente, veremos que, por lo general, lo que nosotros hacemos es **pensar** acerca de la idea. Ello implica un movimiento mental, una actividad relacionada con el pensamiento, la cual evidentemente implica pasado: lo conocido, ideas, conceptos, conclusiones, opiniones, interpretaciones y todo el material mental que trae consigo el pensar.

¿Acaso es posible mirar, **solo** mirar, con el fin de poder explorar, investigar, cuestionar? ¿Es posible mirar el miedo, la ambición, el amor, la bondad, la compasión o lo que sea, si esta exploración es mental?

¿Es posible analizar la realidad cuando el proceso lo efectuamos a nivel del pensamiento? El pensamiento en sí es teorético, porque, indudablemente, al pensar acerca de algo estoy proyectando un pasado: todo lo que escuché acerca de un tema, todo lo que se me ha dicho acerca de él, lo que he leído, lo que me ha ocurrido en relación con ello, lo que he visto, etc.

Todo ese pasado –que es parte de mi pensamiento– no puede quedar relegado en el momento en el que yo pienso acerca de algo, porque lo que estoy haciendo es analizar en función de ese pasado y, por eso, a esto lo llamamos «pensar acerca de». Ese pasado no puede quedar exento de mi proceso especulativo mental; estamos especulando, y lo más problemático –llamémosle así– será que no nos podemos situar en la base de lo real sino que nos mantenemos sobre la base de lo especulativo, teorético, supuesto, basado en una experiencia del pasado.

Śaṅkara, en su *Aparokṣānubhūti* (verso 11), nos sugiere esta exploración: *notpadyate vinā jñānaṁ vicāreṇānya-sādhanaiḥ...* Este *ātma-vicāra* o 'autoinvestigación' no puede bajo ningún concepto ser o formar parte de un proceso mental. Si yo deseo experimentar –y me refiero a un experimentar existencial de lo que realmente soy–, esta autoinvestigación no puede formar parte de un proceso mental, sino que debe ser un ver, un mirar.

Este mirar –y digo mirar la realidad de los hechos, no desde un punto de vista teorético– debe ser una observación muy atenta, consciente, exenta por completo de ideas preconcebidas, pasado u opiniones. «Observar lo que es» significa dejar a un lado «lo que debería ser», «lo que esperamos que sea», «lo que se espera que sea» o «lo que queremos que sea» y tan solo observar «lo que es». Y esto es imposible proyectando un pasado, lo sabido.

Solo observar, mirar... Y que lo observado sea una revelación. Solo es posible acercarnos a la revelación mirando en el silencio. Me refiero al silencio mental que experimentamos cuando nos acercamos **tanto** a lo observado que se esfuman los límites entre lo observado y el observador.

Observar el Ser, en el Ser, desde el Ser, es observar lo más cercano a nosotros; es una autoobservación, muy íntima, carente de todo lo que proviene del otro; haciendo oídos sordos a las opiniones, las ideas o las conclusiones. Aquella mente está formada por los otros; es creada por los demás, pues **es** los demás; no soy yo, son **ellos**, porque en esa mente no hay nada que no haya sido puesto por los demás. Y solo al mirar, sin la opinión ajena –en ti, a través tuyo, a ti mismo–, sin interpretar o sobreimponer, se produce una revelación existencial, un mirar...

No es posible pretender conocernos pensando acerca de nosotros mismos, porque pensando acerca de nosotros, hemos creado este substituto al cual denominamos *ahaṅkāra*, 'ego'. Este ego no es lo que soy, sino lo que pienso que soy, y pensando acerca de mí mismo solo voy a fortalecerme como ego o como substituto. Pero para experimentar existencialmente lo que soy, esto debe ponerse a un costado, y de esta manera, solo mirar...

La búsqueda del buscador

28 de febrero de 2010

En un principio, tenemos muy claro lo que deseamos: dinero, casa, pareja. Lo vemos, lo percibimos. Sin embargo, a medida que vamos evolucionando perdemos claridad acerca de aquello que buscamos. La persona que se identifica con el cuerpo –que es algo sólido– lo que busca son cosas sólidas: objetos en el mundo de las formas. A medida que «subjetualizamos» la búsqueda, lo que perseguimos se va «subjetualizando» también y se va haciendo más sutil y menos palpable. Es cierto que vamos progresando, pero conforme progresamos, es más difícil definir qué es lo que buscamos: buscamos iluminación, al Ser, a Dios... ¿qué es Dios?

En la búsqueda en el mundo de las formas, toda nuestra atención está dirigida hacia el objeto. Al subjetualizar–al ir en pos de lo subjetual–, la búsqueda y nuestra atención comienzan a dirigirse hacia nosotros mismos, hacia el mundo interno. Y, entonces, se hace imprescindible un autoestudio, una autocomprensión.

En la búsqueda de Dios, de la iluminación, llega un punto en el cual comprendemos que no podemos seguir tratando de buscar algo que no sabemos qué es, sino que antes será imprescindible comprendernos. Porque, sin comprendernos, sin estudiarnos, sin darnos cuenta de cómo pensamos, de lo que nos impulsó a adquirir nuestras actitudes, no podemos saber qué perseguimos y por qué. Así pues, este es un nivel muy importante: comprendernos a nosotros mismos.

Muchas veces, en la búsqueda material, la persona está solo buscando dinero o el placer de los sentidos... algo muy simple. Si la misma persona «cambia» y se hace religiosa y ahora va tras de Dios y la iluminación, ¿en qué consiste el verdadero cambio? Tiene que cambiar algo más radical en él para que podamos decir: «¡Hay una verdadera evolución!». Porque puede estar buscando a Dios o a la iluminación, o lo que sea, de la misma manera, con la misma motivación y el mismo ímpetu con el cual buscaba el dinero, la fama, una posición o una pareja.

La elevación consiste en comenzar a darnos cuenta de que será esencial entendernos a nosotros mismos antes de buscar a Dios.

Esto hay que analizarlo profundamente, y está relacionado con el tema de la acción: toda acción nace de *jñāna*, 'conocimiento', que hace nacer el deseo o el miedo, y desde aquí florece la acción.

Para que exista una acción, tiene que existir tiempo. Sin tiempo no puede haber movimiento. Así, la acción no puede desarrollarse sin tiempo. Y ¿qué es el tiempo? Hablemos de la esencia del tiempo, no los marcadores del tiempo como el reloj o el calendario: el tiempo es pensamiento.

Si lo analizamos, si lo miramos en nosotros, veremos que todo pasa en el presente; «lo que fue» es el pasado, que es pensamientos: la memoria, nuestras nostalgias, nuestros recuerdos; y el futuro es pensamientos: nuestras expectativas, nuestras esperanzas. Es muy importante comprender esto porque el presente, el ahora, no es tiempo. Y, por lo tanto, en el ahora no hay pensamiento. Hagan la prueba: si por un segundo están en el ahora... no hay pensamientos. El pensamiento es solo pasado.

Jñāna o 'conocimiento' es pensamiento. Si se dan cuenta, el conocimiento es la forma en la cual el pasado reacciona ante el presente… Y todo esto es pensamiento.

Si lo observan lo verán; en eso vivimos: en «lo que fue» y en cómo se supone que deberíamos ser. Esto es con respecto a todo –con respecto a mí mismo también–; el pasado es cómo fui, lo que vi, lo que pensé, lo que me dijeron, lo que escuché. Y el futuro son proyecciones: cómo todo debería ser, cómo yo debería ser...

De aquí nace el deseo, porque el deseo es la proyección de lo que he visto: cómo me vería yo con eso, o cómo disfrutaría yo con eso. Es decir, el deseo es también tiempo, pensamiento, conocimiento, jñāna.

¿Soy yo algo diferente o no a ese conocimiento? Yo soy lo que yo conozco acerca de mí mismo; soy, en cierta forma, memoria, recuerdo.

Yo soy tiempo...

Yo soy pensamiento...

Yo soy pasado. Y no es que **tenga** un pasado: **yo soy** pasado.

No en vano, *Śrīmad-Bhāgavatam* (2.9.10) tiene este verso tan bonito:

pravartate yatra rajas tamas tayoḥ
sattvaṁ ca miśraṁ na ca kāla-vikramaḥ
na yatra māyā kim utāpare harer
anuvratā yatra surāsurārcitāḥ

En este verso se nos dice que en la morada transcendental del Señor no existen las *guṇas* o 'las modalidades de la naturaleza material', y no existe el tiempo. Sabemos que cuando las escrituras mencionan la morada del Señor –un Vaikuṇṭha, un paraíso– se refieren a un estado divino en el que no hay tiempo. ¿Podemos imaginarnos este estado atemporal, *sanātana*? Se trata de un estado en el cual no estoy yo.

Es decir, en el ahora, no solo no hay pensamiento, sino que incluso tú no estás. Pretendes llegar a Vaikuṇṭha –la morada del Señor–, pero **tú** no eres el que llega allí, porque allí no hay tiempo y, para que tú estés, tiene que haber tiempo –porque tú eres pensamiento, tú eres memoria, tú eres tiempo–.

Y de ahí nace también el miedo: tengo en mi memoria una experiencia que me fue dolorosa y no deseo que se repita. Por otro lado, el deseo: tengo otro tipo de experiencias que son placenteras y deseo repetirlas. Si lo tengo, siento placer; si no lo tengo, sufro. El deseo y el miedo proceden del pasado, del pensamiento –que soy yo–; por lo tanto, no es que yo **tenga** miedo; no es que yo **tenga** deseo: yo **soy** el deseo y yo **soy** el miedo.

Ya que yo **soy** ese deseo y yo **soy** ese miedo, es imposible resistirme a ellos, pero yo lo intento. ¿Qué hago para resistirme al miedo? Lo relaciono con algo o alguien, porque así yo me separo del miedo. «Él me atemoriza», «eso me atemoriza». Y esto me lleva a lo que yo llamo «actividad»: deseo algo y actúo para obtenerlo; temo algo y actúo para escapar.

Esa es toda la historia de nuestra vida y de la humanidad entera: escapar y perseguir. Pero ¿perseguir y escapar son realmente acciones conscientes? ¿No son actividades mecánicas y robóticas? Es interesante que nos parezca que buscar el placer es diferente a escapar del dolor, pero sin embargo, son uno y lo mismo porque tienen una misma dirección.

Hay que ver esta esclavitud en nosotros: actuamos solo por este «perseguir el placer» y escapar del dolor, y entonces nos movemos en una sola dirección. Soy un esclavo, un robot. No tengo otra libertad más que escapar de lo que no me gusta y perseguir lo que me gusta. ¡Y esa es toda la historia de mi vida! Es una esclavitud, es un sufrimiento, es la miseria humana. Aunque nunca tenga éxito, puedo **reprimirlo**, pero no puedo **resistirme** a ello… ¡porque el miedo soy yo!

Por eso, cuando eres **total** en el miedo –o **total** en el deseo–... ¡estos desaparecen! Porque **eres** el deseo, el deseo no es algo separado de ti, no hay «alguien» que desea, no hay «alguien» o «algo» separado o desconectado que teme.

Ello lo podemos ver a nivel individual y a nivel colectivo, porque **somos** el colectivo, **somos** el mundo. Si yo odio, entonces la humanidad odia; si yo me enojo, la humanidad se enoja; si yo soy egoísta, la humanidad es egoísta. La historia de mi vida es la historia de la humanidad: si yo soy un esclavo, la humanidad está esclavizada.

Y las personas que tienen éxito ¿qué hacen con su éxito? Escapan del dolor a mayor velocidad aunque el miedo también las persigue a mayor velocidad, y persiguen la felicidad o el placer, de forma más sofisticada. Si tienes más dinero, puedes comprarte un avión supersónico, un Rolls-Royce o mejores drogas mientras que si eres pobre persigues la felicidad con una botella de vino barato; pero ambos están en el mismo lugar.

La humanidad alcanzó un desarrollo tecnológico que da miedo: sigue haciendo celulares y computadores, y sin embargo, la gente no es feliz... porque un esclavo no puede ser feliz. Y si no podemos liberarnos, entonces no puede haber felicidad, no puede haber paz: un esclavo no puede amar ni ser realmente dichoso.

Muchos se preguntan: ¿dónde está Dios?, ¿qué es Dios?, ¿qué es el sufrimiento?, ¿qué es el dolor?, ¿qué soy yo?... Si estas preguntas provienen de este escapar del dolor, de perseguir un paraíso, una iluminación, un estado en el cual no voy a sufrir, entonces esta búsqueda quizás está siendo solo otra acción que forma parte de esta actividad-esclavitud; esta acción me limita, me esclaviza, no me permite moverme en ninguna otra dirección.

Aquí debemos ver si nuestra búsqueda espiritual no es parte de la esclavitud misma. ¿Acaso «el llamado del Señor» proviene de la esclavitud o es un movimiento en el Ser?, ¿es una vibración en el Ser que me impulsa a buscar la verdad a todo precio?

Quien siente el llamado de Dios en su corazón quiere Verdad, no solo si es un placer, sino también si lo hace sufrir; aunque tenga que llorar como las *gopīs*. Quien busca placer no está buscando a Dios, sino que escapando del dolor. Dios es para él un cigarrillo, un café o una droga más sofisticada, pero no es la completa liberación de la esclavitud. La Verdad libera tanto del placer como del dolor... de la miseria entera.

Por eso es tan importante, al buscar a Dios, comprendernos a nosotros mismos. ¿Por qué buscamos?, ¿qué deseamos?, ¿qué nos mueve a esta búsqueda espiritual?, ¿cuál es la motivación? Quizás descubramos que nuestro sufrimiento y nuestro dolor provienen del hecho de que nos negamos a crecer, rehusamos madurar, aceptar la realidad **tal como es**. Rehusamos aceptar que todo cambia, en cada instante, y que en una realidad donde todo cambia, no podemos apegarnos a nada ni a nadie, porque aquello a lo cual nos apegamos, en el siguiente momento ¡ya no es lo mismo! Lugares, personas, objetos... ¡Todo cambia!

Quizás comprendiéndonos a nosotros mismos, comprendamos también este fluir de la vida, donde la consciencia se va manifestando en infinitas formas; en vez de apegarnos, tenemos que aprender a fluir con la consciencia misma y dejarnos madurar, permitirnos crecer... dejar de resistirnos a esta maduración. Así, nuestra acción ya no vendrá desde un pasado; no será solo una búsqueda de una «aspirina», no será tan solo escapar del dolor, sino que será una expresión de esa consciencia.

Lo que es, tal como es

30 de octubre de 2011

Aparokṣānubhūti, esta gran obra de Śaṅkarācārya, dice en su verso 11:

notpadyate vinā jñānaṁ
vicāreṇānya-sādhanaiḥ
yathā padārtha-bhānaṁ hi
prakāśena vinā kvacit

> Así como no es posible percibir cosas sin luz, del mismo modo también el amanecer del conocimiento es imposible sin indagación.

Y en verso 12 dice:

ko 'haṁ katham idaṁ jātaṁ
ko vai kartā 'sya vidyate
upādānaṁ kim astīha
vicāraḥ so 'yam īdṛśaḥ

> ¿Quién soy yo? ¿Cómo se ha creado [este mundo]?
> ¿Quién es el creador? ¿Cuál es su causa material?
> Esta es la forma de indagar.

Creo que estos dos versos son esenciales en el mensaje *advaita*. En primer lugar, porque no son religión, en el sentido de que no tratan de convencernos acerca de la existencia de una entidad sobrenatural ni tratan de predicar una fe; Śaṅkara no nos está pidiendo que creamos en algo. Este verso es más bien un llamado a explorar, a investigar, a cuestionar... Y nos dice que existe una similitud entre la exploración o la investigación y la luz; que si deseamos que algo se revele, lo que precisamos es luz, la investigación, de la exploración.

¡Hay tanto que decir acerca de este verso! ¡Tanto que comprender!

Tomemos el espíritu de este verso, es decir, la investigación, de la cual el verso 12 inmediatamente nos habla: *ko 'haṁ katham idaṁ jātaṁ ko vai kartā 'sya vidyate...* ¿Quién soy yo? ¿Cómo se crea este mundo? Así pues, es esta la primera pregunta que nos hacemos: ¿Quién soy yo?.

¿En qué consiste este *ātma-vicāraṇa*, esta autoindagación, autoexploración o autoinvestigación? ¿A qué se refiere? Son muchos los discípulos que vienen y me dicen: «Prabhuji, yo investigo, exploro, me pregunto quién soy yo... *ātma-vicāraṇa*... pero no obtengo una respuesta, no llego a una conclusión».

Ahora soy un ego, una entidad mental, una entidad-idea, una entidad-pensamiento... porque yo soy «lo que creo que soy». Me refiero a este yo que quiere y no quiere, que le gusta y no le gusta, el yo que se llama así, se llama asá, el yo que tiene éxito o que es un fracasado, el yo que es chileno, hindú, americano, etc. Este yo es un producto del pensamiento. Ha nacido desde la mente; **es** la mente. Es lo que pienso que soy. Así, si esta búsqueda de quién soy yo, esta exploración, es un pensar acerca de mí, simplemente estoy fortaleciéndome como ego, porque **soy** un pensamiento.

Ello está relacionado con el concepto que estamos tratando de desentrañar. Cuando Śaṅkara nos dice que la luz es explorar, investigar, cuestionar, y luego nos recomienda preguntarnos quién soy yo, explorar quién soy yo, investigar qué o quién soy yo..., ¿a qué se refiere? ¿En qué consiste esta exploración?

Lo que comúnmente denominamos «exploración» es un «pensar acerca de». Si quiero explorar acerca del miedo, evidentemente, pienso sobre qué es el miedo. Si «exploro» qué es el amor, entonces pienso acerca del amor. En este acto de pensar –debido a que ocurre a nivel mental– traigo a colación todo mi bagaje, que es el pasado; traigo todas mis relaciones: mi amor a la patria, mi amor a mis padres, mi amor a mi pareja, el amor de mis padres hacia mí, el amor de mi abuelita y de mi abuelo, el amor de mi equipo de fútbol y de mi partido político, el amor que conocí en las telenovelas y en las películas, etc.; pienso sobre qué es el amor con este bagaje y con mi concepto de amor –que es pensamiento, idea, que es mental y teorético, que no es real–.

Y la gran pregunta es: ¿es eso exploración? ¿A eso se le puede llamar investigación? Yo creo que difícilmente se le puede denominar «cuestionamiento»: es un simple ordenar las ideas, lo que se denomina «especulación mental». Nada nuevo puede salir de lo conocido.

Por lo tanto, con toda seguridad, no es esto a lo que Śaṅkara o los maestros se refieren; o a lo que todas las religiones y las tradiciones espirituales se refieren con el explorar; ello no puede ser «reordenar los pensamientos» o «pensar acerca de»... «Pensar acerca de» es teorético; es a nivel de pensamiento. No es **real**; no es analizar la realidad del miedo, la realidad del amor... ¡no! Se produce solo en ideas y pensamientos.

Así pues, ¿es posible explorar, investigar, cuestionar sin que el mecanismo mental sea utilizado, sin que intervenga nuestro pasado, lo conocido, los recuerdos? Si estamos hablando de observar, mirar, ver «lo que es», sin relación con un pasado, debemos dejar a un costado lo conocido, lo pasado, y solo observar «lo que es». Solo entonces estaremos explorando en la realidad, en el hecho, simplemente mirando lo que es, tal como es... Y eso es meditación.

Cuando muchos se preguntan: «¿Qué es la iluminación?», se responden: «Bueno, yo estoy en ilusión... ¿Y qué es iluminación? ¡Lo contrario de la ilusión!». ¡Es que así actúa el pensamiento! En realidad, esa iluminación –que se crea como una conclusión o idea– es simplemente otro aspecto de la esclavitud; porque todo contiene algo de su opuesto.

Toda esclavitud contiene algo de libertad, y viceversa; todo amor, algo de odio, y viceversa. Esa iluminación contendrá algo de la ilusión, por lo que será simplemente una nueva versión de ella. Es la libertad del esclavo... Es el amor del que odia... Proviene y nace desde su opuesto. Esa es la «iluminación» de los ilusionados, la «liberación» de los esclavos... ¡No es la verdadera iluminación, el verdadero amor, el verdadero miedo!

Observar «tal y como es» es no sobreimponer el pasado, la mente, el pensamiento sobre lo observado...

Mirar y observar...

Solo mirar...

Sin interpretar, sin juzgar, sin condenar, sin sobreimponer, sin aplicar, sin que ese «mirar» implique a tu pasado, a lo conocido... ¡Tal y como es!

Cerca... muy cerca... en la medida en que esté más cerca, será más clara tu visión. En la medida en que haya menor distancia entre tú y lo investigado, la percepción será más clara, más nítida y, por lo tanto, lo único que realmente puedes explorar y experimentar nítida y claramente es lo más cercano a ti, **lo que realmente eres**.

APÉNDICES

Glosario sánscrito

A

advaita. Literalmente, 'no-dualidad'. Generalmente se refiere a la visión del *advaita vedānta* que fue promovida por Śaṅkarācārya, basada en los *upaniṣads*, el *Brahma Sūtra* y el *Bhagavad-gītā*. Sostiene que nada es diferente de Brahman o el Ser, y que en realidad, solo Brahman existe.

Ātma-vicāraṇa (o *ātma-vicāra*). Autoinvestigación, autoindagación. Una de las enseñanzas básicas del *vedānta* o *jñāna-yoga*.

ahaṁ brahmāsmi. Literalmente 'Yo soy Brahman' (*Bṛhad-āranyakopaniṣad*, 1.4.10). Uno de los cuatro *mahā-vākyas*, o 'grandes refranes' upanishádicos.

ahaṅkāra (ahaṁ-kāra). Literalmente, 'Yo soy el hacedor'. El ego; la identificación falsa. Es el aspecto de la mente que falsamente se adjudica eventos y fenómenos; se manifiesta en ideas tales como 'yo' y 'mío'.

Aparokṣānubhūti. Literalmente, 'la percepción imperceptible'. Un famoso libro escrito por Ādi Śaṅkarācārya que contienen 144 versos, principalmente relacionados con la identidad del individuo y el Ser universal y los pasos de la práctica hacia la experiencia directa de esto. Este libro es considerado una introducción al *advaita vedānta*.

āsana. (1) una postura física de yoga que es estática, estable y cómoda. Debe ser alcanzada con consciencia y puede conducir a trascender los pares de opuestos. Tiene central importancia en el sistema de *haṭha-yoga* y constituye el tercer miembro del *aṣṭāṅga-yoga*. (2) asiento, silla, un lugar para sentarse.

aṣṭāṅga-yoga. Literalmente, 'el yoga de los ocho miembros'. El sistema de yoga establecido por el famoso sabio Patañjali Mahaṣi en su *Yoga Sūtra*. Los ocho miembros son: *yama* (restricción), *niyama* (observancia), *āsana* (postura), *prāṇāyāma* (expansión de la *prāṇa*), *pratyāhāra* (internalización de los sentidos), *dhāraṇā* (concentración), *dhyāna* (meditación) y *samādhi* (iluminación).

ayeka. Palabra hebrea bíblica que significa '¿Dónde estás?' Aparece en el Antiguo Testamento (Génesis, 3.9). Pregunta formulada por Dios a Adán, quien se había escondido después de haber cometido el primer pecado al comer el fruto del árbol del conocimiento.

Arjuna. Uno de los protagonistas del *Mahā-bhāratha*, el tercero de los cinco hermanos Pāṇḍava, hijo de Indra y Kuntī. Un experto arquero, Arjuna se considera el guerrero más grande de su época en los *śāstras*. Fue a quien el Señor Kṛṣṇa narró el *Bhagavad-gītā* en el campo de batalla de Kurukṣetra.

B

Bhagavad-gītā. Literalmente, 'canción divina'. Un texto sagrado de 700 versos, que es parte del *Mahā-bhāratha*, en los capítulos 25 a 42 del *bhīṣma-parva*. Abarca numerosas verdades y es el texto más aceptado por todas las escuelas del *sanātana-dharma*. En la forma de una conversación entre el Señor Kṛṣṇa y su discípulo, el guerrero Arjuna, en el campo de batalla en Kurukṣetra, en la cual el Señor Kṛṣṇa explica la esencia del sendero involutivo y de los diferentes caminos del yoga.

***bhakti*.** Devoción, profundo apego por lo divino o todo lo relacionado con Dios; amor puro.

***bhakti-yoga*.** El yoga de la devoción. El camino yóguico de unión con lo divino a través de la sublimación y la expansión de la propensión humana de amar. Se ocupa del aspecto emocional, es un proceso que propone purificar el corazón y dirigirlo hacia Dios a través del servicio desinteresado, la glorificación, la oración, la adoración y otras prácticas devocionales.

***bhujaṅgāsana*.** Postura cobra. Una de las principales *āsanas* yóguicas en el *haṭha-yoga* tradicional.

Brahman. Lo absoluto, la realidad fundamental.

C

Cabalá. Literalmente (hebreo), 'aceptación, recepción o receptividad'. Se refiere a la antigua escuela mística judía.

***cikīrṣā*.** Deseo, la voluntad de hacer.

D

***dhāraṇā*.** Concentración, recolección de la atención, fijación de la mente en un punto o un objeto. El sexto miembro del *aṣṭāṅga-yoga*.

***dharma*.** Ley cósmica o universal; la naturaleza esencial o el carácter de una cosa; deber, ética, ley fija o conducta prescrita; religión.

dhyāna. Meditación. El séptimo miembro del *aṣṭāṅga-yoga*. Observar lo que es, tal como es.

dīkṣā. Iniciación como discípulos según la religión *sanātana-dharma* mediante un gurú autorizado; una ceremonia en la que el gurú transmite un mantra a los aspirantes y los acepta como discípulos.

G

gopīs. Las pastoras de vacas de Vraja (en la zona de Vrindavana) que acompañaron al Señor Kṛṣṇa en sus pasatiempos infantiles y juveniles. Las *gopīs* simbolizan una etapa elevada del *bhakti* ya que poseen amor puro e incondicional hacia Śrī Kṛṣṇa, junto con una actitud de servicio desinteresado. Se consideran partículas de *hlādini-śakti* o potencia de placer del Señor, que se manifiesta plenamente en Rādhā.

guṇas. Modalidades, cualidades. Se refiere a las tres modalidades o cualidades que caracterizan a la naturaleza material (*prakṛti*): *rajas* (pasión), *tamas* (ignorancia, oscuridad) y *sattva* (claridad, bondad).

guru. Literalmente, 'quien disipa la oscuridad'. Maestro espiritual. Uno de los principios esenciales en el camino a la liberación de acuerdo con el *sanātana-dharma.*

H

haṭha-yoga. La palabra *haṭha-yoga* significa literalmente 'yoga forzada'. Un sendero yógico de unión con el Todo a través del aspecto físico del ser humano, mediante el desarrollo de la consciencia. Incluye el tercer y cuarto miembro del *aṣṭāṅga-yoga.*

I

icchā. Deseo, anhelo.

icchā-śakti. Ver *jñāna-śakti.*

J

japa. Literalmente, 'murmullo, susurro'. Una práctica de repetición silenciosa o en voz alta de mantras, mientras se sostiene una *mālā*, o 'rosario', y se van tocando sus cuentas.

jñāna. Conocimiento o sabiduría

jñāna-śakti, icchā-śakti, kriyā-śakti. Las energías de la Devī, el aspecto femenino y el poder creativo de lo absoluto. De estos tres poderes divinos, conocimiento (*jñāna*), deseo (*icchā*) y acción (*kriyā*), depende la consumación de toda acción en el plano universal o individual.

K

karma-yoga. El sendero yóguico de la 'unión' con la realidad mediante el aspecto de la acción al renunciar a los resultados de las propias actividades.

karma-yogī. Quien se dedica al sendero del *karma-yoga.*

kārya. Acción, función, acto, obra.

kriyā. Acción, rito, sacrificio, acto religioso, actividad.

kriyā-śakti. Ver *jñāna-śakti.*

Kṛṣṇa. Una encarnación (*avatāra*) del Señor Viṣṇu. Apareció en Mathurā como el hijo de Vasudeva y Devakī. Sus pasatiempos tuvieron lugar en Vrindavana y Dvārakā. El Señor Kṛṣṇa es el amado de Rādhā y de las *gopīs*, el hermano de Balarāma, el amigo y el maestro espiritual de Arjuna, y el marido de Rukmiṇī y de más de dieciséis mil reinas. Es una de las principales deidades adoradas en el *sanātana-dharma* como una de las deidades más importantes. Prabhuji se refiere a menudo a Kṛṣṇa como sinónimo de la divinidad, lo absoluto, el Ser, Dios.

M

***mahātmā*.** Literalmente, 'gran alma'. Usado a veces como título honorífico.

mantra. Una poderosa energía mística encapsulada en una vibración sonora y compuesta por una o más sílabas en el lenguaje sánscrito, en el cual los antiguos *ṛṣis* habían concentrado los poderes espirituales potenciales. Hay muchas clases de mantras para diferentes usos y ocasiones. Los *mokṣa-mantras* (mantras de la liberación) se repiten con total concentración y consciencia como una herramienta para preparar un estado meditativo.

***māyā*.** Literalmente, 'lo que no es'. Ilusión, la falsa percepción de que el mundo fenoménico es diferente del Ser o Brahman.

***mokṣa*.** Emancipación. Estado de liberación del *saṁsāra*, o 'la rueda de la transmigración', y la experiencia de la verdadera naturaleza propia como Brahman.

***mālā*.** Rosario de cuentas. Consiste en un instrumento religioso tradicional de 108 cuentas y una cuenta adicional llamada *sumeru*. Las cuentas pueden hacerse de una variedad de materiales propicios como sándalo, *rudrākṣa*, *tulasī*, cristal, etc. según el mantra que se repite en ellos.

N

Nārada. También se llama Nārada Muni. Sabio celestial (*devarṣi*) que viaja por los tres mundos mientras toca su *vīṇā* divina y glorifica al Señor Viṣṇu. En muchos textos sagrados, Nārada sirve como mensajero entre los *devas* y los seres humanos. Es el autor de varios himnos del *Ṛg-veda*.

***nirvikalpa-samādhi*.** Unión sin alteración. Según el *vedānta*, es la etapa más elevada de la realización, en la cual se experimenta la unión entre el conocedor, el conocimiento y lo conocido.

***niyama*.** Literalmente, 'observancia'. Actitudes o comportamientos de carácter práctico y constructivo que deben seguir los aspirantes para una vida espiritual y piadosa en el proceso de la preparación espiritual. Es el segundo miembro del *aṣṭāṅga-yoga*.

***oṁ*.** El mantra más sagrado del *sanātana-dharma*. Aparece al principio o al final de la mayoría de los mantras, himnos y plegarias védicas. Descrito en las escrituras védicas como el sonido primordial del cual todo surge y se manifiesta. Se representa gráficamente con el símbolo ॐ.

P

***pādas*.** Literalmente, 'pie'. También se utiliza para denotar una sección o división de un libro que consta de cuatro partes.

***pāḷi*.** El idioma en que fueron escritas las primeras escrituras budistas.

***paṇḍit*.** Hombre estudioso, erudito védico.

Patañjali Maharṣi. Renombrado sabio y compilador del *Yoga Sūtra*.

***prāṇa*.** La fuerza vital. La energía que sostiene y permea todos los procesos de la vida en cada ser vivo y fenómeno. Fluye en el cuerpo en numerosos canales (*nāḍis*). *Prāṇa* se refiere a menudo como 'aliento' o 'aire' ya que es su manifestación más evidente en el cuerpo.

prāṇāyāma. Literalmente, 'expansión de la fuerza vital'. Es un conjunto de técnicas que utilizan la respiración para tomar consciencia de la esfera del *prāṇa*. Junto con las *āsanas*, es parte del *haṭha-yoga*, y es el cuarto miembro del *aṣṭāṅga-yoga*.

pratyāhāra. Recogida e internalización de los sentidos que libera al aspirante del control y el dominio de los sentidos. Es el quinto miembro del *aṣṭāṅga-yoga*.

pravṛtti. Inclinación o voluntad de actuar.

pūjā. Literalmente, 'honrar'. Es una ceremonia de adoración y ofrenda en honor a la deidad o al gurú, en la cual se ofrecen diferentes elementos tales como fuego, agua, flores e incienso, mientras se cantan mantras de glorificación.

R

rajas. Una de las tres *guṇas*, la modalidad de la pasión.

rāja-yoga. Literalmente, 'el yoga real'. Un sistema yóguico centrado en la unión con lo divino mediante el aspecto mental. Estudia y analiza la mente con el objeto de transcenderla mediante el sistema *aṣṭāṅga-yoga*.

rāga. Una escala musical o fórmula de composición e improvisación del sistema védico de la música clásica. Cada *rāga* evoca determinado estado de ánimo y, por lo tanto, corresponde a un determinado período del día o estación del año. *Rāgas* tienen características distintivas y están personificadas. Cada *rāga* tiene también su respectiva *rāgiṇī*, un aspecto femenino de similares características.

Rāmakṛṣṇa (1836-1886). Uno de los maestros espirituales más apreciados del hinduismo. Practicó diversas religiones y senderos tanto dentro como fuera del *sanātana-dharma*. Experimentó el más elevado estado de realización de unión completa con Brahman, así como una devoción extática hacia la Madre Kālī. Alternaba entre estados de consciencia duales y no duales.

ṛṣi. Veedor, alma realizada.

S

sad-guru. Verdadero maestro espiritual. Un ser iluminado y liberado que guía a sus discípulos en el camino hacia la autorrealización.

sādhana. Disciplina yóguica religiosa, práctica continua.

sādhana-pāda. Literalmente, 'sección sobre la práctica'. El segundo capítulo del *Yoga Sūtra* de Patañjali.

sādhu-saṅga. Asociación con los santos o las almas elevadas.

samādhi. Supraconsciencia o iluminación. Un estado de trascendencia de la ilusión y absorción en la verdadera naturaleza de uno mismo. El despertar de la consciencia a la unión entre el conocedor, el conocimiento y lo conocido. El octavo miembro del *aṣṭāṅga-yoga*.

saṁskāras. Impresiones mentales sutiles acumuladas en la mente subconsciente, creando patrones de conducta y hábitos. Una colección de *saṁskāras* crea un carácter o personalidad.

sanātana. Eterno.

sanātana-dharma. Literalmente, 'religión eterna'. Religión védica, hinduismo.

saṅga. Asociación, compañía o comunidad.

Śaṅkarācārya (también Śaṅkara). Estimado santo y filósofo (788 - 820 n. e.). Considerado el mejor exponente de la escuela de pensamiento *advaita vedānta*. Autor de un gran número de obras, entre las cuales se cuentas el *Ātma-bodha*, *Ānanda-laharī*, *Jñāna-bodhinī*, comentarios sobre los diez principales *upaniṣads* y sobre el *Brahma Sūtra*, *Bhagavad-gītā* y *Mahā-bhārata*, así como muchos himnos devocionales en sánscrito.

sannyāsī (o ***sannyāsin***). Monje renunciante iniciado. Ascético que ha abandonado o renunciado a las ocupaciones y apegos mundanos en aras de la práctica espiritual y la dedicación al servicio a lo divino. Pertenecientes al *sannyāsāśrama*, o a la orden final y más elevada de la vida dentro del sistema védico *āśrama*.

śānti-mantra. Literalmente, 'vibración sonora de la paz'. Poderosas oraciones védicas que poseen efectos apaciguadores para la mente del recitador. Cada *upaniṣad* tiene ciertos *śānti-mantras* asociados a él que tradicionalmente se cantan antes o después de recitarlo. También se repiten en numerosos rituales védicos y ceremonias.

sarvāṅgāsana. Literalmente, 'la postura de todos los miembros'. Una de las principales *āsanas* yóguicas según el *haṭha-yoga* tradicional, también conocida como 'el soporte sobre los hombros'.

śāstras. Escrituras, libros sagrados.

sat-saṅga. Literalmente, 'asociación con la Verdad.'

Generalmente se refiere a un encuentro de buscadores espirituales, seguidores y discípulos con un gurú, en el cual se entonan cantos devocionales y el gurú ofrece guía y conocimiento espiritual.

śavāsana. Literalmente, 'la postura del cadáver'. La *āsana* de la relajación en el sistema de *haṭha-yoga* tradicional. Una de sus principales prácticas.

śikṣā-guru. Maestro instructor que guía o inspira al discípulo en aspectos específicos o fases en el sendero involutivo. Es diferente del *dīkṣa-guru*, o principal maestro espiritual iniciador.

śīrṣāsana. Literalmente, 'postura de la cabeza'. Una de las principales *āsanas* yóguicas según el *haṭha-yoga* tradicional, también conocida como 'el soporte sobre la cabeza'.

Śivānanda, Swami (1887-1963). Apreciado maestro espiritual hindú. Vivió en Rishikesh, India y enseñó yoga y *vedānta*. Fundador de la Sociedad para la Vida Divina y autor de más de 200 libros sobre yoga.

Śrīmad-bhāgavatam o *Bhāgavata-purāṇa*. Una escritura de dieciocho mil versos compilados por el sabio Vyāsadeva. Está dedicada a la glorificación y la descripción de los pasatiempos y encarnaciones divinas del Señor Viṣṇu, especialmente en su encarnación como el Señor Kṛṣṇa. Es el más famoso, bello y poético entre los dieciocho *mahā-purāṇas*.

sūrya-namaskāra. Literalmente, 'saludo del sol'. Una secuencia del *haṭha-yoga* tradicional de doce posturas yóguicas, que se practica junto con respiración adecuada.

sūtra. Literalmente, 'hilo'. Género literario tradicional en sánscrito basado en breves aforismos que condensan la máxima sabiduría en el mínimo de palabras. La palabra *sūtra* puede referirse a un solo aforismo o a una escritura completa de este género.

T

tat tvam asi. Literalmente, 'Tú eres Eso'. Uno de las cuatro *mahā-vākyas*, o 'grandes refranes' upanishádicos, que significa que el ser individual es uno con la realidad absoluta (Brahman).

tattva-darśinaḥ. Un veedor de la Verdad, alma realizada, ser iluminado.

V

Vaikuṇṭha. La morada del Señor Viṣṇu. Un lugar de dicha eterna considerado por los devotos del Señor Kṛṣṇa como el destino supremo del alma que alcanza la liberación.

vedānta. Literalmente, 'la conclusión final de los Vedas'. Originalmente se refiere a la parte de los Vedas conocida como los *upaniṣads.* Ademas se refiere a la escuela ortodoxa (*darśana*), también conocida as *Uttarā-mīmāṁsā.*

viśva-dharma. Literalmente, 'religión universal'. Otro nombre para el *sanātana-dharma.*

Viṣṇu Devānanda, Swami (1927-1993). Discípulo cercano de Swami Śivānanda de Rishikesh. Fue asignado por su gurú para enseñar yoga y *vedānta* en Occidente. Fundador de la organización International Sivananda Yoga Vedanta.

vṛttis. Pensamientos, ondas mentales.

Vyāsa o **Vyāsadeva.** Uno de los maestros más

importantes del *sanātana-dharma* que dividió el Veda único en cuatro partes y compuso la mayoría de los *purāṇas* y el gran *Mahā-bhāratha*. Venerado como *ādi-guru*, el primer y original gurú que es representado por todos los demás gurús, se considera la encarnación literaria del Señor Viṣṇu.

vyāsāsana. Literalmente, 'el asiento de Vyāsa'. Un nombre honorífico para el asiento del gurú, que indica que el gurú es una manifestación de Śrī Vyāsadeva, el gurú original.

Y

yama. Restricción. Se refiere a ciertas actitudes y comportamientos que deben ser restringidos y evitados mediante el aspirante espiritual, como parte del código de conducta según el *dharma*. Destinado a purificar y crear armonía y paz en el mundo interior y los alrededores, en el proceso de preparación espiritual. El primer miembro del *aṣṭāṅga-yoga*.

Yamunā. Uno de los ríos santos de la India, que se origina en la región del Himalaya, y corre en paralelo al Gaṅgā sagrado, pasando por Vrindavana para finalmente confluir con el Gaṅgā en Triveṇī-saṅgam, Pryāga (cerca de Allahabad). Es el río en el que el Señor Kṛṣṇa se bañaba y jugaba con las *gopīs* en Vrindavana. Un lugar de peregrinación para los devotos del Señor Kṛṣṇa.

Yoga Sūtra. El texto fundamental del *rāja-yoga*, compilado por el sabio Patañjali Maharṣi. Describe y explica el sistema del *aṣṭāṅga-yoga*.

Índice de versos

oṁ gaṁ gaṇapataye namaḥ
oṁ guṁ gurubhyo namaḥ
oṁ aiṁ sarasvatyai namaḥ

Oṁ, salutaciones a Gaṇapati (el Señor Gaṇeśa)
Oṁ, salutaciones a los gurús
Oṁ, salutaciones a Sarasvatī

oṁ saha nāv avatu
saha nau bhunaktu
saha vīryaṁ karavāvahai
tejasvi nāv adhītam astu
mā vidviṣāvahai
oṁ śāntiḥ śāntiḥ śāntiḥ

Que él nos proteja a ambos [al que enseña y al que aprende]. Que Él nos otorgue el disfrute de la dicha de *mukti* (liberación). ¡Que ambos nos esforcemos por descubrir el verdadero significado de las sagradas escrituras! Que nuestros estudios eleven nuestro espíritu. Que nunca haya peleas entre nosotros. *Oṁ*, que haya paz en los tres aspectos.

(*Śānti-mantra* de *Taittirīyopaniṣad*, *Kaṭhopaniṣad* y *Śvetaśvataropaniṣad*) *hariḥ oṁ tat sat*

El Señor Hari es el Ser mismo de *oṁ* (el sonido primordial *śabda-brahman*) que es la realidad absoluta (*tat sat*).

yogaś citta-vṛtti-nirodhaḥ

Yoga es el cese de la actividad mental.

(*Yoga Sūtra*, 1.2)

tat tvam asi

Tú eres eso [Brahman].

(*Chāndogyopaniṣad*, 6.8.7)

pravartate yatra rajas tamas tayoḥ
sattvaṁ ca miśraṁ na ca kāla-vikramaḥ
na yatra māyā kim utāpare harer
anuvratā yatra surāsurārcitāḥ

En esa morada personal del Señor (Vaikuṇṭha), las modalidades materiales de la pasión (*rajas*) y la ignorancia (*tamas*) no prevalecen, ni tampoco influyen sobre la bondad (*sattva*). Ahí no predomina la influencia del tiempo (*kāla*), así que ¡ni qué hablar de la energía externa e ilusoria (*māyā*) que no puede ni entrar a esa región! Tanto los dioses (*suras*) como los demonios (*asuras*) adoran al Señor como devotos.

(*Śrīmad-bhāgavatam*, 2.9.10)

dehino 'smin yathā dehe
kaumāraṁ yauvanaṁ jarā
tathā dehāntara-prāptir
dhīras tatra na muhyati

Al igual que el Ser encarnado pasa en este cuerpo a través de la niñez, la juventud y la vejez, de la misma manera, pasa a otro cuerpo. Los sabios no se confunden por este cambio.

(*Bhagavad-gītā*, 2.13)

na hi kaścit kṣaṇam api
jātu tiṣṭhaty akarma-kṛt
kāryate hy avaśaḥ karma
sarvaḥ prakṛti-jair guṇaiḥ

Todo el mundo está forzado a actuar irremediablemente de acuerdo con las cualidades (*guṇas*) nacidas de la naturaleza (*prakṛti*). Por lo tanto, nadie puede dejar de actuar, ni siquiera por un momento.

(*Bhagavad-gītā*, 3.5)

tad viddhi praṇipātena
paripraśnena sevayā
upadekṣyanti te jñānaṁ
jñāninas tattva-darśinaḥ

Mediante la exploración humilde y el servicio [al maestro espiritual], los conocedores que han visto la Verdad te enseñarán esa sabiduría.

(*Bhagavad-gītā*, 4.34)

sarva-dharmān parityajya
mām ekaṁ śaraṇaṁ vraja
ahaṁ tvāṁ sarva-pāpebhyo
mokṣayiṣyāmi mā śucaḥ

Renuncia a todo tipo de religión y entrégate solo a mí. No temas, yo te liberaré de todas las reacciones pecaminosas.

(*Bhagavad-gītā*, 18.66)

notpadyate vinā jñānaṁ
vicāreṇānya-sādhanaiḥ
yathā padārtha-bhānaṁ hi
prakāśena vinā kvacit

Al igual que es imposible ver cosas en la ausencia de luz, el amanecer del conocimiento es imposible sin investigación.

(*Aparokṣānubhūti*, 11)

sthira-sukham āsanam

La *āsana* es estable y cómoda.

(*Yoga Sūtra*, 2.46)

prayatna-śaithilyānanta-samāpattibhyām

La *āsana* se alcanza eliminando la tensión y meditando.

(*Yoga Sūtra*, 2.47)

tato dvandvānabhighātaḥ

Al alcanzar la *āsana* se obtiene también la inmunidad hacia los pares de opuestos.

(*Yoga Sūtra*, 2.48)

Prabhuji
S.S. Avadhūta Śrī Bhaktivedānta Yogācārya
Ramakrishnananda Bābājī Mahārāja

Sobre Prabhuji

Prabhuji es escritor, pintor, *avadhūta*, creador del Yoga Retroprogresivo y maestro espiritual realizado. En el año 2011, decidió retirarse de la sociedad y adoptar una vida eremítica. Desde entonces, sus días transcurren en soledad, orando, escribiendo, pintando y meditando en silencio y contemplación.

Prabhuji es el único discípulo de S.D.G. Avadhūta Śrī Brahmānanda Bābājī Mahārāja, quien es a su vez uno de los más cercanos e íntimos discípulos de S.D.G. Avadhūta Śrī Mastarāma Bābājī Mahārāja.

Prabhuji fue designado como sucesor del linaje por su maestro, quien le confirió la responsabilidad de continuar el sagrado *paramparā* de *avadhūtas*, designándolo oficialmente como gurú y ordenándole servir como sucesor Ācārya con el nombre S.S. Avadhūta Śrī Bhaktivedānta Yogācārya Ramakrishnananda Bābājī Mahārāja.

Prabhuji es también discípulo de S.D.G. Bhakti-kavi Atulānanda Ācārya Mahārāja, quien es discípulo directo de S.D.G. A.C. Bhaktivedānta Swami Prabhupāda.

El hinduismo de Prabhuji es tan amplio, universal y pluralista que a veces, haciéndole honor a su título de *avadhūta*, sus enseñanzas vivas y frescas trascienden los límites de toda filosofía y religión, incluso la suya propia. Sus enseñanzas promueven el pensamiento crítico y nos llevan a cuestionar afirmaciones que suelen aceptarse como ciertas. No defienden verdades absolutas, sino que nos invitan a evaluar y cuestionar nuestras propias convicciones. La esencia de su sincrética visión, el Yoga Retroprogresivo, es el autoconocimiento y el reconocimiento de la consciencia. Para él, el despertar de la consciencia, o la trascendencia del fenómeno egoico, constituye el siguiente nivel del proceso evolutivo de la humanidad.

Prabhuji nació el 21 de marzo de 1958 en Santiago, capital de la República de Chile. Una experiencia mística acaecida a la edad de ocho años lo motivó a la búsqueda de la Verdad, o la Realidad última, transformando su vida en un auténtico peregrinaje tanto interno como externo. Ha consagrado su vida por completo a profundizar en la temprana experiencia transformativa que marcó el comienzo de su proceso retroevolutivo. Ha dedicado más de cincuenta años a la investigación y la práctica de diferentes religiones, filosofías, vías de liberación y senderos espirituales. Ha absorbido las enseñanzas de grandes yoguis, pastores, rabinos, monjes, gurús, filósofos, sabios y santos a quienes visitó personalmente durante sus años de búsqueda. Ha vivido en muchos lugares y ha viajado por el mundo sediento de la Verdad.

Desde muy pequeño, Prabhuji notó que el sistema educativo le impedía dedicarse a lo que era realmente importante: aprender sobre sí mismo. A pesar de la insistencia de sus padres, dejó de asistir a la escuela convencional a los 11 años y se dedicó a la formación autodidáctica. Con el tiempo, se convertiría en un serio crítico del sistema educativo actual.

Prabhuji es una autoridad reconocida en la sabiduría oriental. Es conocido por su erudición en los aspectos *vaidika* y *tāntrika* del hinduismo, así como en todas las ramas del yoga (*jñāna*, *karma*, *bhakti*, *haṭha*, *rāja*, *kuṇḍalinī*, *tantra*, *mantra* y demás). Su actitud hacia todas las religiones es inclusiva y conoce profundamente el judaísmo, el cristianismo, el budismo, el islam, el sufismo, el taoísmo, el sijismo, el jainismo, el shintoismo, el bahaísmo, la religión mapuche y demás. Aprendió acerca de la religión drusa directamente de los eruditos Salach Abbas y Kamil Shchadi.

Prabhuji estudió profundamente la teología cristiana con S.S. Monseñor Iván Larraín Eyzaguirre en la Iglesia de la Veracruz en Santiago de Chile y con Don Héctor Muñoz, diplomado en teología de la Universidad Católica de la Santísima Concepción.

Su curiosidad por el pensamiento occidental lo llevó a incursionar en el terreno de la filosofía en todas sus diferentes ramas. Profundizó en especial en la Fenomenología Trascendental y la Fenomenología de la Religión. Tuvo el privilegio de estudiar intensivamente por varios años con su tío Jorge Balazs, filósofo, investigador, escritor y autor de *El ciervo de oro*. Estudió en privado por algunos años con el Dr. Jonathan Ramos, reconocido filósofo, historiador y profesor universitario licenciado de la Universidad Católica de Salta, Argentina. Estudió también con el Dr. Alejandro Cavallazzi Sánchez, licenciado en filosofía por la Universidad Panamericana, maestro en filosofía por la Universidad Iberoamericana y doctor en Filosofía por la Universidad Nacional Autónoma de México (UNAM).

Prabhuji posee un doctorado en filosofía *vaiṣṇava* del respetable Instituto Jiva de Vrindavan, India, y un doctorado en filosofía yóguica recibido de la Yoga Samskrutum University.

Sus estudios profundos, las bendiciones de sus maestros, sus investigaciones en las sagradas escrituras, así como su vasta experiencia docente, le han hecho merecedor de un reconocimiento internacional en el campo de la religión y la espiritualidad.

Su búsqueda espiritual lo llevó a estudiar con maestros de diversas tradiciones y viajar lejos de su Chile natal a lugares tan distantes como Israel, India y Estados Unidos. Prabhuji estudió hebreo y sánscrito para profundizar en las sagradas escrituras. También estudió pali en el Centro de Estudios Budistas de Oxford. Además, aprendió latín y griego antiguos con Javier Álvarez, licenciado en Filología Clásica por la Universidad de Sevilla.

Su padre, Yosef Har-Zion ZT"L, creció bajo una estricta disciplina porque era hijo de un suboficial mayor de carabineros. Como reacción a la educación que recibió, Yosef decidió educar a sus propios hijos con libertad completa y amor incondicional. Prabhuji creció sin presión alguna. Desde sus primeros años, su padre siempre le mostró el mismo amor, más allá de sus éxitos o fracasos en la escuela. Cuando Prabhuji decidió dejar la escuela para dedicarse a su búsqueda interior, su familia lo aceptó con profundo respeto. Desde los diez años, Yosef le hablaba de la espiritualidad hebrea y la filosofía occidental. Solían entablar conversaciones acerca de la filosofía y la religión, durante días enteros, hasta altas horas de la noche. Yosef le ofreció apoyo en lo que deseara hacer en su vida y siempre lo ayudó en su búsqueda de la Verdad. Prabhuji fue el auténtico proyecto de libertad y amor incondicional de su padre.

Desde muy temprana edad y por propia iniciativa, Prabhuji comenzó a practicar karate y a estudiar filosofía oriental y religiones de manera autodidacta. Durante su adolescencia, nadie interfería con sus decisiones. A los 15 años, entabló una profunda, íntima y larga amistad con la famosa escritora y poeta uruguaya Blanca Luz Brum, quien fuera su vecina en la calle Merced en Santiago de Chile. Viajó por todo Chile en busca de gente sabia e interesante de la que aprender. En el sur de Chile, conoció a machis que le enseñaron la rica espiritualidad y el chamanismo mapuches.

Dos grandes maestros contribuyeron en el proceso retroprogresivo de Prabhuji. En 1976, conoció a su primer Gurú, S.D.G. Bhakti-kavi Atulānanda Ācārya Swami, a quien llamaría Gurudeva. En aquellos días, Gurudeva era un joven *brahmacārī* que ocupaba el cargo de presidente del templo de ISKCON en Eyzaguirre 2404, Puente Alto, Santiago, Chile. Años más tarde, dio a Prabhuji la primera iniciación, la iniciación brahmínica y finalmente, inició a Prabhuji en la orden sagrada de renuncia llamada *sannyāsa* dentro de la Brahma Gauḍīya Saṁpradāya. Gurudeva lo conectó con la devoción a Kṛṣṇa. Le impartió la sabiduría del *bhakti-yoga* y le instruyó en la práctica del *māhā-mantra* y el estudio de las sagradas escrituras.

En 1996, Prabhuji conoció a su segundo maestro, S.D.G. Avadhūta Śrī Brahmānanda Bābājī Mahārāja en Rishikesh, India. Guru Mahārāja, como lo llamaría Prabhuji, le reveló que su propio gurú, S.D.G. Avadhūta Śrī Mastarāma Bābājī Mahārāja, le había dicho años antes de morir que una persona vendría del Occidente y le solicitaría ser su discípulo. Le ordenó aceptar solo y únicamente a ese buscador específico. Cuando preguntó cómo podría identificar a esta persona, Mastarāma Bābājī le respondió: «Lo reconocerás por sus ojos. Debes aceptarlo porque será la continuación del linaje».

Desde su primer encuentro con el joven Prabhuji, Guru Mahārāja lo reconoció y lo inició oficialmente en el *māhā-mantra*. Para Prabhuji, esta iniciación marcó el comienzo de la etapa más intensa y madura de su proceso retroprogresivo. Bajo la guía de Guru Mahārāja, estudió *vedānta advaita* y profundizó en la meditación.

Guru Mahārāja guio a Prabhuji en sus primeros pasos hacia el sagrado nivel del *avadhūta*. En marzo del 2011, S.D.G. Avadhūta Śrī Brahmānanda Bābājī Mahārāja ordenó a Prabhuji, en nombre de su propio maestro, aceptar la responsabilidad de continuar el linaje de *avadhūtas*. Con dicho nombramiento, Prabhuji es el representante oficial de la línea de esta sucesión discipular para la presente generación.

Además de sus *dikṣā-gurus*, Prabhuji estudió con importantes personalidades espirituales y religiosas como S.S. Swami Dayananda Sarasvatī, S.S. Swami Viṣṇu Devānanda Sarasvatī, S.S. Swami Jyotirmayānanda Sarasvatī, S.S. Swami Pratyagbodhānanda, S.S. Swami Swahananda de la Ramakrishna Mission y S.S. Swami Viditātmānanda de la Arsha Vidya Gurukulam. La sabiduría del tantra fue despertada en Prabhuji por S.G. Mātājī Rīnā Śarmā en India.

Prabhuji deseaba confirmar su iniciación *sannyāsa* con el linaje del *vedānta advaita*. Su *sannyāsa-dīkṣā* fue confirmada por S.S. Swami Jyotirmayānanda Sarasvatī, fundador de la «Yoga Research Foundation» y discípulo de S.S. Swami Śivānanda Sarasvatī de Rishikesh.

En 1984, aprendió y comenzó a practicar la técnica de la Meditación Trascendental de Maharishi Mahesh Yogui. En 1988, realizó el curso de *kriyā-yoga* de Paramahaṁsa Yogananda. Después de dos años, fue iniciado oficialmente en la técnica de *kriyā-yoga* por la Self-Realization Fellowship.

En Vrindavan, estudió el sendero del *bhakti-yoga* en profundidad con S.S. Narahari Dāsa Bābājī Mahārāja, discípulo de S.S. Nityananda Dāsa Bābājī Mahārāja de Vraja.

También estudió el *bhakti-yoga* con varios discípulos de Su Divina Gracia A.C. Bhaktivedānta Swami Prabhupāda: S.S. Kapīndra Swami, S.S. Paramadvaiti Mahārāja, S.S. Jagajīvana Dāsa, S.S. Tamāla Kṛṣṇa Gosvāmī, S.S. Bhagavān Dāsa Mahārāja y S.S. Kīrtanānanda Swami entre otros.

Prabhuji ha sido honrado con varios títulos y diplomas por muchos líderes de prestigiosas instituciones religiosas y espirituales de la India. El honorable título de Kṛṣṇa Bhakta le fue otorgado por S.S. Swami Viṣṇu Devānanda (el único título de Bhakti Yoga otorgado por Swami Viṣṇu), discípulo de S.S. Swami Śivānanda Sarasvatī y fundador de la «Organización Sivananda». El título de Bhaktivedānta le fue conferido por S.S. B.A. Paramadvaiti Mahārāja, fundador de «Vrinda». El título Yogācārya le fue conferido por S.S. Swami Viṣṇu Devānanda, el «Paramanand Institute of Yoga Sciences and Research of Indore, la India», la «International Yoga Federation», la «Indian Association of Yoga» y el «Shri Shankarananda Yogashram of Mysore, India». Recibió el respetable título Śrī Śrī Rādhā Śyam Sunder Pāda-Padma Bhakta Śiromaṇi directamente de S.S. Satyanārāyaṇa Dāsa Bābājī Mahant de la Chatu Vaiṣṇava Saṁpradāya.

Prabhuji dedicó más de cuarenta años al estudio del *haṭha-yoga* con prestigiosos maestros del yoga clásico y tradicional como S.S. Bapuji, S.S. Swami Viṣṇu Devānanda Sarasvatī, S.S. Swami Jyotirmayānanda Sarasvatī, S.S. Swami Satchidananda Sarasvatī, S.S. Swami Vignanananda Sarasvatī y Śrī Madana-mohana.

Llevó a cabo varios cursos sistemáticos de formación de profesores de *haṭha-yoga* en prestigiosas instituciones hasta alcanzar el grado de Maestro Ācārya en dicha disciplina. Completó sus estudios en las siguientes instituciones: Sivananda Yoga Vedanta, Ananda Ashram, Yoga Research Foundation, Integral Yoga Academy, Patanjala Yoga Kendra, Ma Yoga Shakti International Mission,

Prana Yoga Organization, Rishikesh Yoga Peeth, Swami Sivananda Yoga Research Center y Swami Sivananda Yogasana Research Center.

Prabhuji es miembro de la Indian Association of Yoga, Yoga Alliance ERYT 500 y YACEP, la International Association of Yoga Therapists y la International Yoga Federation. En 2014, la International Yoga Federation le honró con la posición de Miembro Honorario del World Yoga Council.

Su interés por la compleja anatomía del cuerpo humano lo llevó a estudiar quiropráctica en el prestigioso Instituto de Salud de Espalda y Extremidades en Tel Aviv, Israel. En 1993, obtuvo el diploma de manos del Dr. Sheinerman, fundador y director del instituto. Posteriormente, obtuvo el título de masajista terapéutico en la Academia de la Galilea Occidental. Los conocimientos adquiridos en este campo agudizaron su comprensión del *haṭha-yoga* y contribuyeron a la creación de su propio método.

El «Hatha Yoga Retroprogresivo» es el fruto de los esfuerzos de Prabhuji por perfeccionar su propia práctica y sus métodos de enseñanza; se trata de un sistema basado especialmente en las enseñanzas de sus gurús y en las escrituras sagradas. Prabhuji sistematizó diferentes técnicas yóguicas tradicionales creando una metodología apta para el público occidental. El Yoga Retroprogresivo aspira a la experiencia de nuestra auténtica naturaleza, promoviendo el equilibrio, la salud y la flexibilidad a través de dieta apropiada, limpiezas, preparaciones (*āyojanas*), secuencias (*vinyāsas*), posturas (*āsanas*), ejercicios de respiración (*prāṇāyāma*), relajación (*śavāsana*), meditación (*dhyāna*), así como ejercicios con cierres energéticos (*bandhas*) y sellos (*mudras*) para dirigir y potenciar el *prāṇa*.

Desde su infancia, y a lo largo de toda su vida, Prabhuji ha sido entusiasta admirador, estudiante y practicante de karate-do clásico. Desde los 13 años, estudió en Chile estilos como el kenpo y el kung-fu, pero se especializó en el estilo japonés más tradicional del shotokan. Recibió el grado de cinturón negro (tercer dan) de Shihan Kenneth Funakoshi (noveno dan). Aprendió también de Sensei Takahashi (séptimo dan) y practicó el estilo Shorin Ryu con el Sensei Enrique Daniel Welcher (séptimo dan) quien le confirió el rango de cinturón negro (segundo dan). A través del karate-do, profundizó en el budismo y obtuvo conocimiento adicional acerca de la física del movimiento. Prabhuji es miembro de la Funakoshi's Shotokan Karate Association.

Prabhuji creció en un entorno artístico y su amor por la pintura comenzó a desarrollarse en su infancia. Su padre, el renombrado pintor chileno Yosef Har-Zion ZT"L, le motivó a dedicarse al arte. Aprendió con el famoso pintor chileno Marcelo Cuevas. Las pinturas abstractas de Prabhuji reflejan las profundidades del espíritu.

Desde su más tierna infancia, Prabhuji ha sentido una especial atracción y curiosidad por los sellos postales, las tarjetas postales, los buzones, los sistemas de transporte postal y toda la actividad relacionada con el correo. Ha aprovechado cada oportunidad para visitar oficinas de correos en diferentes ciudades y países. Se ha adentrado en el estudio de la filatelia, que es el campo del coleccionismo, la clasificación y el estudio de los sellos postales. Esta pasión le llevó a convertirse en filatelista profesional, distribuidor de sellos autorizado por la American Philatelic Society y miembro de las siguientes sociedades: Royal Philatelic Society London, Royal Philatelic Society of Victoria, United States Stamp Society, Great Britain Philatelic Society, American Philatelic Society, Society of Israel Philatelists, Society for Hungarian Philately, National Philatelic Society UK, Fort Orange Stamp Club, American Stamp Dealers Association, US Philatelic Classics Society, FILABRAS – Associação dos Filatelistas Brasileiros y Collectors Club of NYC.

Basándose en sus amplios conocimientos de filatelia, teología y filosofía oriental, Prabhuji creó la «Filatelia Meditativa» o el «Yoga Filatélico», una práctica espiritual que utiliza la filatelia como soporte para la práctica de atención, concentración, observación y meditación. La Filatelia Meditativa se inspira en la antigua meditación hindú del *maṇḍala* y puede llevar al practicante a estados elevados de consciencia, a la relajación profunda y a la concentración que promueve el reconocimiento de la consciencia. Prabhuji escribió su tesis sobre este nuevo tipo de yoga, «La filatelia meditativa», atrayendo el interés de la comunidad académica de la India debido a su innovador enfoque de conectar la meditación con diferentes aficiones y actividades. Por esta tesis, fue honrado con el doctorado en Filosofía Yóguica por la Universidad Yoga Samskrutum.

Durante muchos años, Prabhuji vivió en Israel, donde amplió sus estudios de judaísmo. Uno de sus principales profesores y fuentes de inspiración fue el Rabino Shalom

Dov Lifshitz ZT"L, a quien conoció en 1997. Este gran santo lo guio durante varios años en los intrincados senderos de la Torá y el Jasidismo. Ambos desarrollaron una relación muy íntima. Prabhuji estudió el Talmud con el Rabino Rafael Rapaport Shlit"a (Ponovich), Jasidismo con el Rabino Israel Lifshitz Shlit"a y la Torá con el Rabino Daniel Sandler Shlit"a. Prabhuji es un gran devoto del Rabino Mordechai Eliyahu ZT"L, quien personalmente lo bendijo.

Prabhuji visitó EE. UU. en el año 2000 y durante su estadía en Nueva York, se percató de que era el lugar más adecuado para fundar una organización religiosa. Le atrajeron especialmente el pluralismo y la actitud respetuosa de la sociedad americana hacia la libertad de culto. Le impresionó el profundo respeto tanto del público como del gobierno hacia las minorías religiosas. Después de consultarlo con sus maestros y solicitar sus bendiciones, Prabhuji se trasladó a los Estados Unidos. En el 2003 nació la Misión Prabhuji, una iglesia hindú destinada a preservar la visión universal y pluralista del hinduismo de Prabhuji y su «Yoga Retroprogresivo».

Aunque no buscó atraer seguidores, durante 15 años (1995-2010), Prabhuji consideró las solicitudes de algunas personas que se acercaron a él pidiendo ser discípulos monásticos. Aquellos que eligieron ver a Prabhuji como a su maestro espiritual aceptaron voluntariamente votos de pobreza y dedican sus vidas a la práctica espiritual (*sadhāna*), la devoción religiosa (*bhakti*) y el servicio desinteresado (*seva*). Aunque Prabhuji ya no acepta nuevos discípulos, continúa guiando al pequeño grupo de discípulos veteranos de la Orden Monástica Ramakrishnananda que fundó.

En el 2011, Prabhuji fundó el Avadhutashram (monasterio), en Catskills Mountains, en el norte de Nueva York, EE. UU. El Avadhutashram es la sede central de la Misión Prabhuji, su ermita y la residencia de los discípulos monásticos de la Orden Monástica Ramakrishnananda. El *āśram* organiza proyectos humanitarios como el «Programa Prabhuji de Distribución de Alimentos» y el «Programa Prabhuji de Distribución de Juguetes». Prabhuji opera diferentes proyectos humanitarios inspirado en su experiencia de que servir la parte es servir al Todo.

En enero de 2012, la salud de Prabhuji lo obligó a renunciar oficialmente a dirigir la misión. Desde entonces, ha vivido en soledad, completamente alejado del público, escribiendo y absorto en contemplación. Su mensaje no promueve la espiritualidad colectiva, sino la búsqueda interior individual.

Prabhuji ha delegado a sus discípulos la elección entre mantener sus enseñanzas exclusivamente dentro de la orden monástica o difundir su mensaje para el beneficio público. Ante la petición explícita de sus discípulos, Prabhuji ha accedido a que se publiquen sus libros y se difundan sus conferencias, siempre que ello no comprometa su privacidad y su vida eremítica.

En 2022, Prabhuji fundó el Instituto de Yoga Retroprogresivo en el cual sus discípulos más antiguos pueden compartir sistemáticamente las enseñanzas y el mensaje de Prabhuji a través de video conferencias. El instituto ofrece apoyo y ayuda para una comprensión más profunda de las enseñanzas de Prabhuji.

Prabhuji es un respetado miembro de la American Philosophical Association, la American Association of Philosophy Teachers, la American Association of University Professors, la Southwestern Philosophical Society, la Authors Guild, la National Writers Union, PEN America, la International Writers Association, la National Association of Independent Writers and Editors, la National Writers Association, la Alliance Independent Authors y la Independent Book Publishers Association.

La vasta contribución literaria de Prabhuji incluye libros en español, inglés y hebreo como por ejemplo *Kuṇḍalinī-yoga: el poder está en ti*, *Lo que es, tal como es*, *Bhakti yoga: el sendero del amor*, *Tantra: liberación en el mundo*, *Experimentando con la Verdad*, *Advaita Vedānta: ser el Ser*, comentarios sobre el *Īśāvāsya Upaniṣad* y el *Sūtra del Diamante*.

Sobre la Misión Prabhuji

Prabhuji, S.S. Avadhūta Śrī Bhaktivedānta Yogācārya Ramakrishnananda Bābājī Mahārāja, fundó la Misión Prabhuji en el 2003, una iglesia hindú destinada a preservar su visión universal y pluralista del hinduismo.

El propósito principal de la misión es preservar las enseñanzas de Prabhuji sobre Pūrvavyāpi-pragatiśīlaḥ Yoga, o el Yoga Retroprogresivo, el cual propugna el despertar global de la consciencia como la solución radical a los problemas de la humanidad.

La Misión Prabhuji opera un templo hindú llamado Śrī Śrī Radha-Śyāmasundara Mandir, el cual ofrece adoración y ceremonias religiosas a los feligreses. La extensa biblioteca del Instituto de Yoga Retroprogresivo proporciona a sus profesores abundante material de estudio para investigar las diversas teologías y filosofías exploradas por Prabhuji en sus libros y conferencias. El monasterio Avadhutashram educa a los discípulos monásticos en diversos aspectos del enfoque de Prabhuji sobre el hinduismo y les ofrece la oportunidad de expresar devoción a Dios en forma de servicio devocional, contribuyendo desinteresadamente con sus habilidades y formación a los programas de la Misión, como el Programa de Distribución de Alimentos

Prabhuji, un evento semanal en el que decenas de familias necesitadas del norte de Nueva York reciben alimentos frescos y nutritivos.

El servicio y la glorificación del gurú son principios espirituales fundamentales en el hinduismo. La Misión Prabhuji, siendo una iglesia hindú tradicional, practica la milenaria tradición de *guru-bhakti* de reverencia al maestro. Algunos discípulos y amigos de la Misión Prabhuji, por iniciativa propia, contribuyen a preservar el legado de Prabhuji y sus enseñanzas interreligiosas para las generaciones futuras mediante la difusión de sus libros, videos de sus charlas internas y sitios web.

Sobre el Avadhutashram

El Avadhutashram (monasterio) fue fundado por Prabhuji en el año 2011, en Catskills Mountains, en el norte de Nueva York, EE. UU. Es la sede central de la Misión Prabhuji y la ermita de S.S. Avadhūta Śrī Bhaktivedānta Yogācārya Ramakrishnananda Bābājī Mahārāja y sus discípulos monásticos de la Orden Monástica Ramakrishnananda.

Los ideales del Avadhutashram son el amor y el servicio desinteresado, basados en la visión universal de que Dios está en todo y en todos. Su misión es distribuir libros espirituales y organizar proyectos humanitarios como el Programa Prabhuji de Distribución de Alimentos y el Programa Prabhuji de Distribución de Juguetes.

El Avadhutashram no es comercial y funciona sin solicitar donaciones. Sus actividades están financiadas por Prabhuji's Gifts, una empresa sin ánimo de lucro fundada por Prabhuji, que vende productos esotéricos de diferentes tradiciones que Prabhuji mismo ha utilizado en prácticas espirituales durante su proceso evolutivo con el propósito de preservar y difundir la artesanía tradicional religiosa, mística y ancestral.

Avadhutashram
Round Top, Nueva York, EE. UU.

El Sendero Retroprogresivo

El Sendero Retroprogresivo no requiere que formes parte de un grupo o seas miembro de una organización, institución, sociedad, congregación, club o comunidad exclusiva. Vivir en un templo, monasterio o *āśram* no es un requisito, porque no se trata de un cambio de residencia sino de consciencia. No te insta a creer, sino a dudar. No requiere que aceptes algo, sino que explores, investigues, examines, indagues y cuestiones todo. No propone ser como deberías ser, sino como eres realmente.

El Sendero Retroprogresivo apoya la libertad de expresión pero no el proselitismo. Esta ruta no promete respuestas a nuestras preguntas, pero nos induce a cuestionar nuestras respuestas. No nos promete ser lo que no somos ni lograr lo que no hemos alcanzado ya. Es un sendero retroevolutivo de autodescubrimiento que conduce desde lo que creemos ser a lo que somos en verdad. No es el único camino, ni el mejor, ni el más sencillo, ni el más directo, sino que es un proceso involutivo por excelencia que señala lo que es obvio e innegable pero que generalmente pasa desapercibido: lo sencillo, inocente y natural. Es un camino que comienza y termina en ti.

El Sendero Retroprogresivo es una revelación continua que se amplía eternamente. Profundiza en la consciencia desde una perspectiva metafísica, transcendiendo toda religión y sendero espiritual. Es el descubrimiento de la diversidad como realidad única e inclusiva. Se trata del encuentro de la consciencia consigo misma, consciente de sí misma y de su propia realidad. En realidad, este sendero es una simple invitación a danzar en el ahora, a amar el momento presente y a celebrar nuestra autenticidad. Es una propuesta incondicional a dejar de vivir como víctimas de las circunstancias para hacerlo como apasionados aventureros. Es una llamada a volver al lugar que nunca hemos abandonado, sin ofrecernos nada que no poseamos, ni enseñarnos nada que no sepamos ya. Es un llamado a una revolución interna y a entrar en el fuego de la vida que solo consume sueños, ilusiones y fantasías, pero no toca lo que somos. No nos ayuda a alcanzar nuestro objetivo deseado, sino que nos prepara para el milagro inesperado.

Esta vía fue nutrida durante una vida dedicada a buscar la Verdad. Consiste en una agradecida ofrenda a la existencia por lo recibido. Pero recuerda, no me busques a mí, sino que búscate a ti. No es a mí a quien necesitas, porque eres tú lo único que realmente importa. Esta vida es solo un maravilloso paréntesis en la eternidad para conocer y amar. Lo que anhelas yace en ti, aquí y ahora, como lo que realmente eres.

Tu bienqueriente incondicional,
Prabhuji

Prabhuji hoy

Prabhuji está retirado de la vida pública

Prabhuji es el único discípulo de S.D.G. Avadhūta Śrī Brahmānanda Bābājī Mahārāja, quien es a su vez uno de los más cercanos e íntimos discípulos de S.D.G. Avadhūta Śrī Mastarāma Bābājī Mahārāja.

Prabhuji fue designado como sucesor del linaje por su maestro, quien le confirió la responsabilidad de continuar el sagrado *paramparā* de *avadhūtas*, designándolo oficialmente como gurú y ordenándole servir como sucesor Ācārya con el nombre S.S. Avadhūta Śrī Bhaktivedānta Yogācārya Ramakrishnananda Bābājī Mahārāja.

Prabhuji es también discípulo de S.D.G. Bhakti-kavi Atulānanda Ācārya Mahārāja, quien es discípulo directo de S.D.G. A.C. Bhaktivedānta Swami Prabhupāda.

En el año 2011, decidió retirarse de la sociedad y adoptar una vida eremítica. Desde entonces, sus días transcurren en soledad, orando, escribiendo, pintando y meditando en silencio y contemplación. Ya no participa en *sat-saṅgs*, conferencias, encuentros, reuniones, retiros, seminarios, grupos de estudio o cursos. Les rogamos a todos respetar su privacidad y no tratar de contactarse con él por ningún medio para pedir encuentros, audiencias, entrevistas, bendiciones, *śaktipāta*, iniciaciones o visitas personales.

Las enseñanzas de Prabhuji

Como *avadhūta* y maestro realizado, Prabhuji siempre ha apreciado la esencia y la sabiduría de una gran variedad de prácticas religiosas del mundo. No se considera miembro o representante de ninguna religión en particular. Aunque muchos lo ven como un ser iluminado, Prabhuji no tiene la intención de presentarse como predicador, guía, *coach*, creador de contenido, persona influyente, preceptor, mentor, consejero, asesor, monitor, tutor, orientador, profesor, instructor, educador, iluminador, pedagogo, evangelista, rabino, *posek halajá*, sanador, terapeuta, satsanguista, apuntador, psíquico, líder, médium, salvador o gurú. De hecho, según Prabhuji la búsqueda del Ser es individual, solitaria, personal, privada e íntima. No se trata de un esfuerzo colectivo que debe emprenderse a través de la religiosidad social, organizada, institucional o comunitaria.

Por ello, Prabhuji no hace proselitismo ni predica ni intenta persuadir, convencer o hacer que nadie cambie su perspectiva, filosofía o religión. Otros pueden considerar sus reflexiones valiosas y aplicarlas total o parcialmente en su propio desarrollo, pero las enseñanzas de Prabhuji no deben interpretarse como un consejo personal, asesoramiento, guía, métodos de autoayuda o técnicas para el desarrollo espiritual, físico, emocional o psicológico. Las enseñanzas propuestas no aspiran a ser soluciones a los problemas espirituales, materiales, económicos, psicológicos, emocionales, románticos, familiares, sociales o corporales de la vida. Prabhuji no ofrece milagros, experiencias místicas, viajes astrales, sanaciones, conectarse con espíritus, poderes sobrenaturales o salvación espiritual.

Aunque el énfasis de Prabhuji no ha sido atraer seguidores, durante 15 años (1995-2010), consideró las solicitudes de algunas personas que se acercaron a él pidiendo ser discípulos monásticos. Aquellos que eligieron ver a Prabhuji como su maestro espiritual aceptaron voluntariamente votos de pobreza y dedican sus vidas a la práctica espiritual (*sādhanā*), la devoción religiosa (*bhakti*) y el servicio desinteresado (*seva*). Prabhuji ya no acepta nuevos discípulos, pero continúa guiando al pequeño grupo de discípulos veteranos de la Orden Monástica Ramakrishnananda que fundó.

Servicios públicos

A pesar de que el monasterio no acepta nuevos residentes, voluntarios, donaciones, colaboraciones o patrocinios, el público está invitado a participar en los servicios religiosos diarios y los festivales devocionales del templo Śrī Śrī Radha-Śyāmasundara.

Libros por Prabhuji

What is, as it is: Satsangs with Prabhuji (English)
ISBN-13: 978-1-945894-26-8
Lo que es, tal como es: Satsangas con Prabhuji (Spanish)
ISBN-13: 978-1-945894-27-5
Russian: ISBN-13: 978-1-945894-18-3

Kundalini yoga: The power is in you (English)
ISBN-13: 978-1-945894-30-5
Kundalini yoga: El poder está en ti (Spanish)
ISBN-13: 978-1-945894-31-2

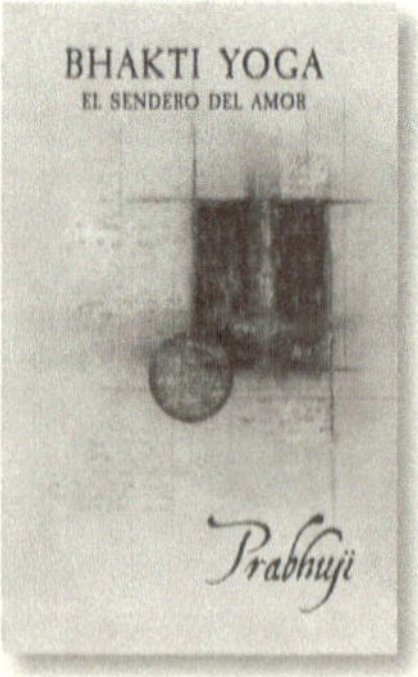

Bhakti yoga: The path of love (English)
ISBN-13: 978-1-945894-28-2
Bhakti-yoga: El sendero del amor (Spanish)
ISBN-13: 978-1-945894-29-9

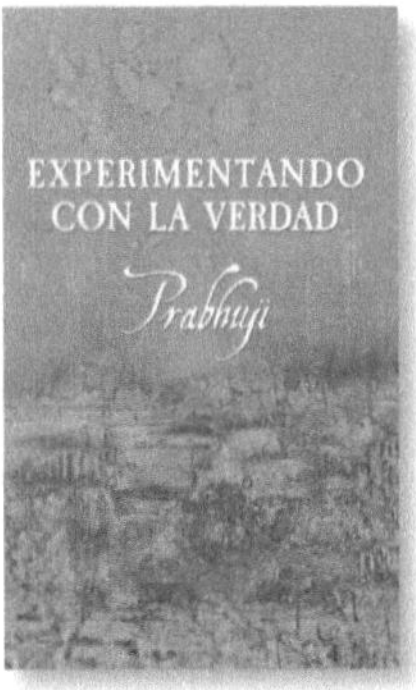

Experimenting with the Truth (English)
ISBN-13: 978-1-945894-32-9
Experimentando con la Verdad (Spanish)
ISBN-13: 978-1-945894-33-6

Tantra: Liberation in the world (English)
ISBN-13: 978-1-945894-36-7
Tantra: La liberación en el mundo (Spanish)
ISBN-13: 978-1-945894-37-4

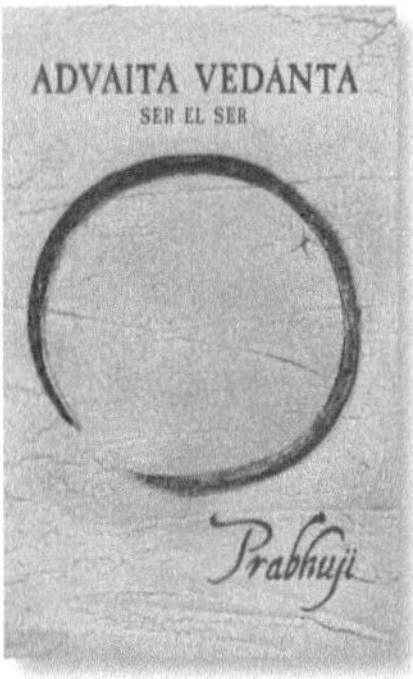

Advaita Vedanta: Being the Self (English)
ISBN-13: 978-1-945894-34-3
Advaita Vedanta: Ser el Ser (Spanish)
ISBN-13: 978-1-945894-35-0

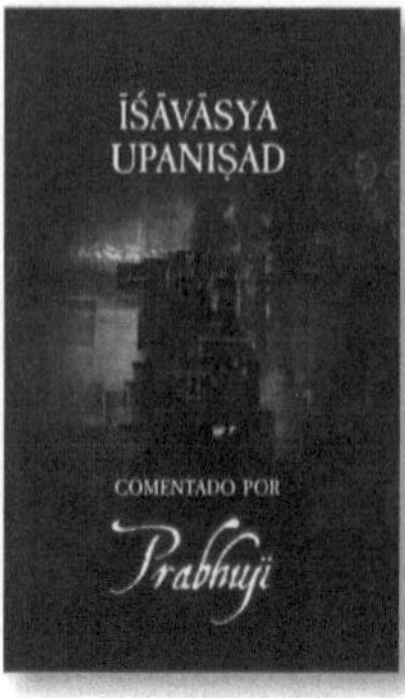

Īśāvāsya Upanishad
commented by Prabhuji
(English)
ISBN-13: 978-1-945894-38-1
Īśāvāsya Upaniṣad
comentado por Prabhuji
(Spanish)
ISBN-13: 978-1-945894-40-4

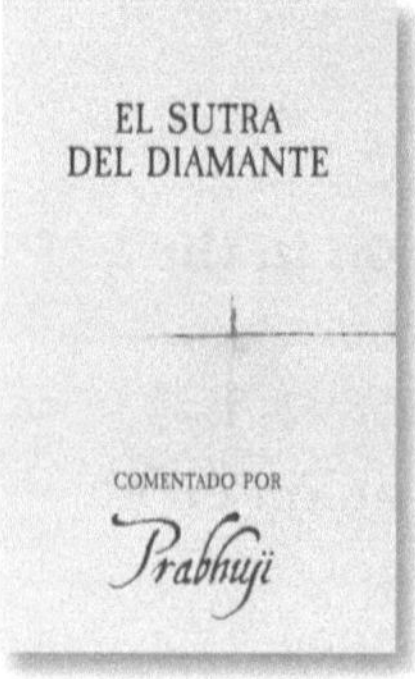

The Diamond Sūtra
commented by Prabhuji
(English)
ISBN-13: 978-1-945894-51-0
El Sūtra del Diamante
comentado por Prabhuji
(Spanish)
ISBN-13: 978-1-945894-54-1

I am that I am
(English)
ISBN-13: 978-1-945894-45-9
Soy el que soy
(Spanish)
ISBN-13: 978-1-945894-48-0

www.ingramcontent.com/pod-product-compliance
Lightning Source LLC
Chambersburg PA
CBHW052041280426
43661CB00084B/4
* 9 7 8 1 9 4 5 8 9 4 2 7 5 *